TABLE DES MATIÈRES

Hangang 한강 – Un terrain de jeu riverain pour tous !

8 ENDROITS   6 ACTIVITÉS   2 DÉFIS INCONTOURNABLES

Traversant le cœur de la ville, Hangang offre une échappatoire sereine à l'agitation urbaine. Profite de vues imprenables, d'événements culturels et d'activités récréatives. Des promenades relaxantes aux pique-niques agréables, Hangang offre quelque chose pour tous, créant des moments chéris et inoubliables pour chaque visiteur.

Palais royaux de Séoul – Découvre les joyaux de l'histoire coréenne

36 ENDROITS   38 ACTIVITÉS   13 DÉFIS INCONTOURNABLES

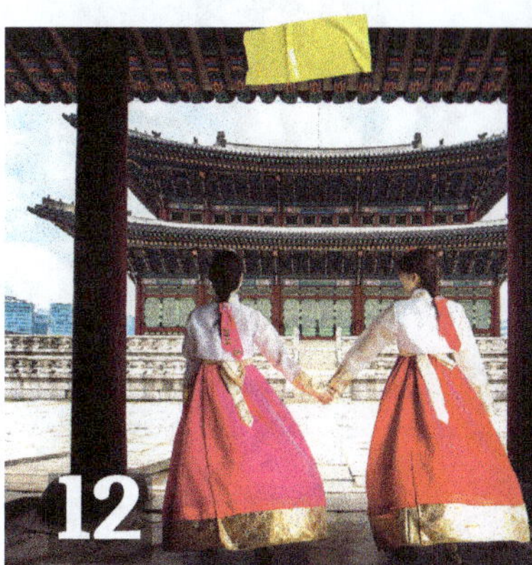

Les cinq palais royaux de Séoul présentent une architecture étonnante, des jardins immaculés et une signification historique fascinante qui te transporteront dans le passé pour te donner un aperçu de l'histoire riche et fascinante de la Corée. De plus, tu pourras profiter d'activités culturelles amusantes telles que porter les vêtements traditionnels hanbok, et assister à des spectacles traditionnels. Et la dernière nouveauté - visite Cheong Wa Dae, l'ancienne résidence des présidents sud-coréens ! Nous te dirons exactement comment y parvenir.

Villages Hanok – Remonte le temps et découvre le mode de vie coréen

9 ENDROITS   8 ACTIVITÉS   5 DÉFIS INCONTOURNABLES

Découvre la beauté unique de l'architecture coréenne traditionnelle en te promenant dans les rues de ces quartiers historiques. Immerge-toi dans le mode de vie traditionnel coréen et approfondis tes connaissances sur la richesse de la culture et du patrimoine du pays. Ces villages offrent un aperçu du passé de la Corée avec leurs charmants cafés, leurs boutiques locales et leurs étonnants détails architecturaux.

Concours de cuisine de rue coréenne – Déguste les plats de rue les plus appréciés de Corée !

5 ENDROITS   5 ACTIVITÉS   2 DÉFIS INCONTOURNABLES

Savoure les saveurs authentiques des restaurants de rue coréens et plonge dans l'atmosphère vibrante où les habitants se rassemblent pour savourer leurs plats préférés. Fais l'expérience de la véritable essence de la restauration locale, comme un habitant de la région !

Achats de souvenirs - Ramène un morceau de Corée à la maison

5 ENDROITS **3 ACTIVITÉS** **6 DÉFIS INCONTOURNABLES**

Les boutiques de souvenirs et les marchés aux puces animés de Séoul offrent une sélection incroyable de souvenirs coréens uniques et traditionnels.

Gangnam Style - Explore le quartier le plus branché de Corée !

16 ENDROITS **38 ACTIVITÉS** **13 DÉFIS INCONTOURNABLES**

Plonge dans la culture vibrante de Gangnam, le quartier le plus branché et le plus tendance de Séoul, à travers une variété d'activités et d'expériences amusantes. Qu'il s'agisse d'essayer les dernières tendances de la K-beauty ou de se laisser tenter par la délicieuse cuisine locale, tu auras l'occasion de tout voir et de tout faire.

K-Pop Adventure - Un voyage dans la scène musicale pop coréenne !

11 ENDROITS **3 ACTIVITÉS** **6 DÉFIS INCONTOURNABLES**

Pars à la découverte de la scène musicale coréenne, où tu pourras observer de près l'industrie qui a pris le monde d'assaut. Visite des entreprises de divertissement K-Pop, suis les traces des stars de la K-Pop, prends des photos avec les statues emblématiques de l'ours de la K-Pop, et apprends même quelques mouvements de danse pour découvrir ce que c'est que d'être une idole de la K-Pop !

Tragédies et triomphes - Explorer l'histoire de la Corée à travers les musées

4 ENDROITS **3 ACTIVITÉS** **5 DÉFIS INCONTOURNABLES**

Découvre les réalisations étonnantes du passé et apprends l'histoire moderne de la Corée et les luttes auxquelles la nation a dû faire face. Tu découvriras à la fois des histoires tragiques et des récits de victoire qui te laisseront inspiré et connecté à l'esprit du peuple coréen. Embarque dans ce voyage inoubliable et célèbre l'éclat du passé tout en te tournant vers l'avenir.

Trouver la paix à Séoul - Un voyage spirituel pour calmer l'esprit et le corps

8 ENDROITS **6 ACTIVITÉS** **6 DÉFIS INCONTOURNABLES**

Plonge au cœur de la tapisserie spirituelle de la Corée en visitant des temples bouddhistes vénérés, des églises historiques et des mosquées grandioses. Immerge-toi dans des paysages tranquilles, embrasse des réflexions profondes et trouve la paix intérieure au milieu de la diversité culturelle.

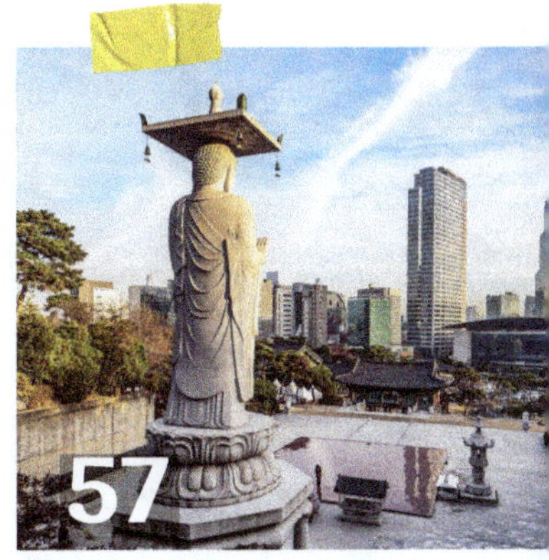

Seoul Adventures -Activités familiales et romantiques pour tout le monde

17 ENDROITS **14 ACTIVITÉS** **21 DÉFIS INCONTOURNABLES**

Que tu sois une famille cherchant à renforcer ses liens ou un couple à la recherche de moments romantiques, Séoul regorge de sensations fortes et d'expériences inoubliables pour tout le monde. La ville promet un délicieux mélange d'aventures familiales et intimes qui créeront à coup sûr des souvenirs précieux à conserver précieusement.

Subway Korea

Fournit la dernière carte du métro de Séoul et toutes les cartes de métro fournissent en temps réel des informations sur les transports en commun, les horaires, les transferts, ainsi qu'un calculateur d'itinéraire optimal.

Naver Map

Des itinéraires tour à tour aux horaires des trains en passant par les toilettes situées à proximité, cette application fournit tout ce dont tu as besoin pour te déplacer en Corée.

PAPAGO

Cette appli basée sur l'IA offre une superbe traduction, en particulier en Corée, ce qui est indispensable lorsque tu voyages en Corée.

Catch Table

Permet de faire facilement des réservations de restaurant en anglais.

Kakao Map

Similaire à Naver Map, mais si tu as Kakaot Talk, il est plus pratique car il est plus fortement intégré à d'autres services comme Kakao Taxi et Kakao Talk.

Google Maps

Similaire à Naver Map, mais ne propose pas d'itinéraires à pied en Corée. Fournit des informations sur le métro et les lieux à proximité dans plus de langues que Naver Map.

Emergency Ready

Offre un accès rapide aux abris nationaux, aux centres médicaux d'urgence, aux casernes de pompiers, aux postes de police, aux guides de sécurité et aux appels d'urgence directs au 119.

1330 Korea Travel Helpline

Offre aux touristes une assistance par appel vocal et par chat en direct, en fournissant des informations sur les voyages en 8 langues, en aidant à l'interprétation, aux plaintes et en accédant à l'assistance de la police en cas de besoin.

Le guide touristique du métro de Séoul, Corée

T'apprend comment profiter des 100 principales attractions de la ville en prenant simplement le métro.

Dictionnaire De La Culture Coréenne

Fournit un guide complet de la Corée et de sa culture, de A à Z, pour te permettre de mieux profiter de ton voyage en Corée.

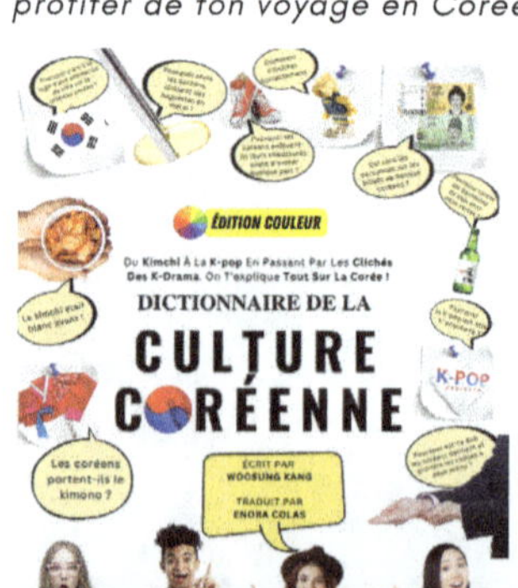

Parlons coréen

Apprends plus de 1 400 phrases coréennes essentielles et la prononciation rapidement et facilement grâce aux fichiers audio téléchargeables. Il suffit d'écouter, de répéter et d'apprendre !

L'ARGENT EN CORÉE

IL EXISTE DES PIÈCES DE 5 ET 1 WON, MAIS ELLES NE SONT PRESQUE PLUS UTILISÉES AUJOURD'HUI.

LES PRINCIPALES CARTES DE CRÉDIT (VISA/MC/AMEX) SONT ACCEPTÉES PRESQUE PARTOUT EN CORÉE.

SAMSUNG GALAXY PAY ET APPLE PAY SONT ÉGALEMENT DISPONIBLES

VOUS POUVEZ UTILISER VOTRE CARTE DE DÉBIT ÉMISE DANS VOTRE PAYS D'ORIGINE POUR RETIRER DE L'ARGENT À UN DISTRIBUTEUR AUTOMATIQUE DE BILLETS EN CORÉE. CHERCHEZ LE SIGNE "GLOBAL ATM" SUR UN DISTRIBUTEUR AUTOMATIQUE DE BILLETS.

T-MONEY CARD 

DOIT ÊTRE ACHETÉ DANS UN POINT DE VENTE AFFICHANT LE LOGO T-MONEY À UN DISTRIBUTEUR AUTOMATIQUE (LIGNES 1-4) OU AU CENTRE D'INFORMATION DANS UNE STATION (LIGNES 5-8)

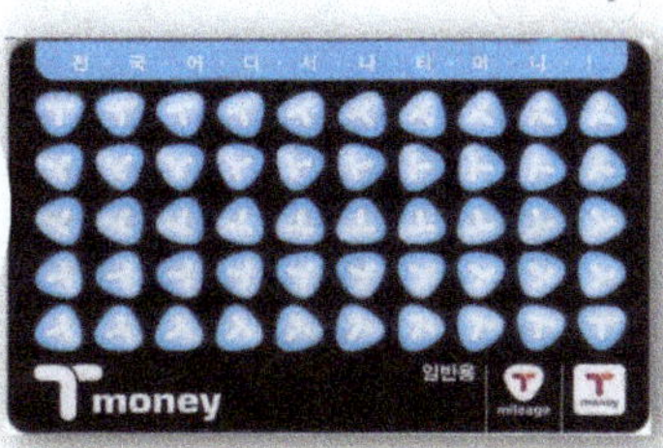

POUR MÉTRO / BUS / TAXI

Hangang 한강

Un terrain de jeu riverain pour tous !

Traversant le cœur de la ville, Hangang offre une échappatoire sereine à l'agitation urbaine. Profite de vues imprenables, d'événements culturels et d'activités récréatives. Des promenades relaxantes aux pique-niques agréables, Hangang offre quelque chose pour tous, créant des moments chéris et inoubliables pour chaque visiteur.

Hangang est une rivière tentaculaire qui traverse différentes parties de la ville, offrant plusieurs points d'accès aux visiteurs. Cependant, nous nous concentrerons sur **le parc Banpo Hangang** car il offre un petit extra avec son **île flottante** et son **pont arc-en-ciel**. Toutefois, opter pour l'un ou l'autre ne changera pas grand-chose, car tous les endroits offrent une expérience similaire !

 **Le Parc Banpo Hangang 반포 한강 공원** Seocho-gu, Shinbanpo-ro 11-gil 40 서초구 신반포로11길 40
25 min de marche (1.3 km) de la station **Express Bus Terminal** la sortie n°8-1 ligne de métro 9

 **Le Parc Yeouido Hangang 여의도 한강 공원** Yeongdeungpo-gu, Yeouidong-ro 330 영등포구 여의동로 330
5 min de marche (249 m) de la station **Yeouinaru** la sortie n°3 ligne de métro 5

 **Le Parc Ichon Hangang 이촌 한강 공원** Yongsan-gu, Ichon-dong 302-17 이촌동 302-17
20 min de marche (1.3 km) de la station **Ichon** la sortie n°4 ligne de métro 4

 **Le Parc Ttukseom Hangang 뚝섬 한강 공원** Gwangjin-gu, Jayang-dong 704-1 광진구 자양동 704-1
Juste à côté du **Ttukseom Resort** la sortie n°3 ligne de métro 7

 **Le Parc Jamsil Hangang 잠실 한강 공원** Songpa-gu, Jamsil-dong 1-1 송파구 잠실동 1-
25 min de marche (1.5 km) from **Jamsil** la sortie n°6 ligne de métro 2

Le Parc Banpo Hangang 반포 한강 공원
Seocho-gu, Shinbanpo-ro 11-gil 40 서초구 신반포로11길 40
25 min de marche (1.3km) de la station **Express Bus Terminal** la sortie n°8-1 ligne de métro 9

1 Pique-nique à Hangang !

Les couvertures, les chaises ou les tables de pique-nique sont autorisées partout dans la zone gazonnée, alors n'hésite pas à choisir l'endroit qui te plaira le plus ! Les tentes, cependant, ne sont autorisées que dans les zones désignées, avec les restrictions suivantes.

*Tu peux apporter ta propre tente ou louer des tentes dans les environs pour environ 15 €. Il y a également des magasins de proximité et des toilettes publiques à proximité.

Saison autorisée
Du 1er avril au 31 octobre

Heures d'ouverture

Apr - May, Sep - Oct
9 h - 19 h

Juin - Août
9 h - 20 h

Les magasins de location sont situés à Seocho-gu, Banpodaero 316, B1 서초구 반포대로 316 지하 1층
Voir la carte ci-dessus pour référence ★

Savoure le combo Chimaek (poulet et bière) !

Chimaek 치맥, qui est l'abréviation de "Poulet" + "Maekju 맥주 (bière)", est un choix populaire pour les pique-niqueurs coréens. À Seorae Naru 서래나루, qui se trouve tout près de l'île flottante, il y a un restaurant spécialisé dans le chimaek et qui dispose d'un vaste espace pour s'asseoir, ce qui t'évite de t'embêter à commander et à te faire livrer.

Essaie la machine à nouilles instantanées Ramyun !

Rends-toi dans une supérette le long de la rivière et trouve une machine qui prépare des nouilles ramyun instantanées ! Tout ce que tu as à faire, c'est de mettre les nouilles et la soupe dans le récipient prévu à cet effet, et la machine distribuera automatiquement de l'eau et commencera à cuire (si tu n'es pas sûr, demande à n'importe quel visiteur du parc coréen et il sera plus qu'heureux de t'aider). Savoure tes délicieuses nouilles ramyun tout en admirant la vue imprenable sur Hangang !

제이 blog.naver.com/travelcrazykorean (CC BY-SA 2.0 KR)

Immortalise le moment parfait dans les meilleurs endroits pour prendre des photos à Hangang !

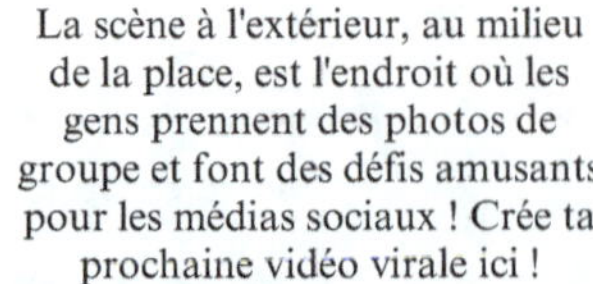

Regarde la pleine lune ! Les gens disent que si tu fais un vœu pendant la Super Lune et que tu penses aux lapins qui, selon les Coréens, vivraient sur la lune dans les vieilles histoires, ton vœu pourrait se réaliser.

Le croissant est un symbole particulier de l'île de Sebit ! Il est beau le jour, mais n'oublie pas de profiter de son côté encore plus beau la nuit !

La scène à l'extérieur, au milieu de la place, est l'endroit où les gens prennent des photos de groupe et font des défis amusants pour les médias sociaux ! Crée ta prochaine vidéo virale ici !

② L'île flottante futuriste 세빛섬!

Bénéficiant d'une vue nocturne fantastique où de belles lumières LED colorées s'harmonisent avec la rivière, Some Sevit 세빛섬 (l'île flottante) est l'un des lieux nocturnes les plus visités de Séoul. Il se compose d'îles artificielles avec des conventions de mariage, des restaurants et des cafés, et sert d'espace pour les yachts, les bateaux à tubes et diverses expositions, spectacles et événements dont on peut profiter.

*Sebit / Sevit, Gabit / Gavit, Solbit / Solvit sont utilisés indifféremment.

Pour plus d'informations, visite **somesevit.com**

Dans le film Avengers : L'âge d'Ultron, l'île flottante est désignée sous le nom de Sokovia. L'île a été créée par le méchant Ultron, qui l'a utilisée comme base pour ses plans diaboliques !

Fais un mini pique-nique sur la rivière à bord d'un Tubester !

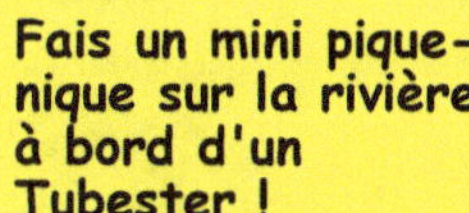

Profite d'une expérience tranquille sur ta mini embarcation privée, apporte ta nourriture et tes boissons préférées, et savoure la beauté sereine de la nature qui t'entoure ! Situé au rez-de-chaussée de l'île Gabit, c'est l'endroit idéal pour un mini pique-nique sur la rivière !

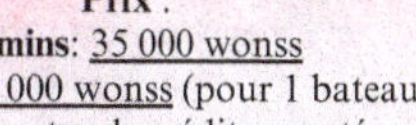

Prix :
30 mins: 35 000 wonss
60 mins: 55 000 wonss (pour 1 bateau)
Espèces / cartes de crédit acceptées.

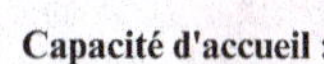

Pour des raisons de sécurité, les mineurs doivent être accompagnés d'un adulte, et les nourrissons, les femmes enceintes, les personnes âgées et les personnes mesurant moins de 90 cm ne peuvent pas utiliser ce service.

Capacité d'accueil :
6 personnes maximum avec une table

Heures d'ouverture :
Mars - Mai / Oct
Lun-Ven : 15 h - 23 h
sam/dim/vacances : 13 h - 23 h

Juin - Sept
Lun-Ven : 16 h - 24 h
sam/dim/vacances : 14 h - 24 h

L'incroyable pont de la fontaine arc-en-ciel !

Regarde le spectacle de la fontaine arc-en-ciel !

Le parc abrite l'étonnante fontaine arc-en-ciel du pont Banpo - le plus long pont-fontaine du monde, qui s'étend sur plus de 1 140 mètres ! Et le meilleur ? La nuit, la fontaine est illuminée par des LED vibrantes, créant un spectacle magique d'eau et de lumière absolument hypnotique ! C'est vraiment un spectacle à voir ! Et oui ! Elle est adjacente à la zone de pique-nique, alors tu peux profiter du spectacle avec tes copains de pique-nique !

	Durée	Heures de fonctionnement
Mai-Juin	20 min	12 h, 19 h 30, 20 h, 20 h 30, 21 h
Juil-Août	20 min	12 h, 19 h 30, 20 h, 20 h 30, 21 h, 21 h 30
Sep-Oct	20 min	12 h, 19 h 30, 20 h, 20 h 30, 21 h

Remarque : les opérations de la fontaine peuvent être suspendues en raison de conditions météorologiques telles que des tempêtes de pluie ou des vents violents.

Affronte la chaleur au marché nocturne du clair de lune !

Déguste des plats délicieux et des objets artisanaux uniques

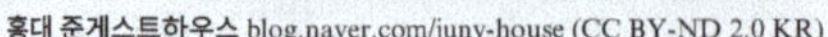

홍대 준게스트하우스 blog.naver.com/juny-house (CC BY-ND 2.0 KR)

Vis une soirée unique et délicieuse au marché nocturne au clair de lune de Hangang, qui se tient au parc Banpo Hangang (place du clair de lune). Le marché, qui réunit des camions de nourriture et des artisans, offre aux visiteurs une grande variété de délicieuses friandises.

Hangang Moonlight Market @ Banpo Hangang Park

Lieu : Moonlight Square
Marchands : 40 camions de nourriture, 50 stands
Horaire : 16 h - 21 h (dimanche seulement) du 7 mai au 11 juin 2023.

Hangang Moonlight Market @ YeouidoHangang Park

Lieu : Cascade Plaza
Marchands : 40 camions de nourriture, 50 stands
Horaire : 17 h – 22 h (samedi et dimanche) de la station Sep.16 to Oct.22, 2023

Pour plus d'informations, visite **bamdokkaebi.org**

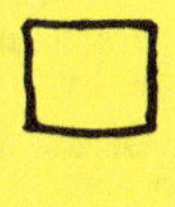

Pédale le long de la pittoresque Hangang avec Seoul Bike !

Hangang est la destination parfaite pour une journée amusante de vélo et de visites touristiques ! Avec des pistes cyclables désignées qui s'étendent sur 240 km le long de la rivière, tu peux profiter de vues imprenables et apercevoir les habitants et les touristes.

bikeseoul.com

Avec Seoul Bike (*tta-reung-i* 따릉이 en coréen), tu peux facilement participer à la fête et louer un vélo à un prix abordable. Le service est accessible en ligne ou par le biais de leur application mobile. Il est possible de trouver des informations en temps réel sur la disponibilité des vélos sur leur carte, avec des stations de vélos bien situées dans tout Séoul, y compris près de Hangang, afin que tu puisses planifier ton aventure en toute simplicité. Ne manque pas l'excitation et la beauté des pistes cyclables de Hangang !

Prix :
1 heure - 1 000 Wons
2 heures - 2 000 Wons
1 jour - 5 000 Wons

Toutes les 5 minutes suivantes, tu seras facturé ₩200.

Après avoir localisé un vélo disponible, tu peux facilement acheter un pass via le site web ou l'appli et recevoir un code numérique pour déverrouiller le vélo, ce qui te permet d'explorer la ville à ta guise. Rendre le vélo est facile, puisque tu peux le déposer à n'importe quelle station Seoul Bike.

PALAIS ROYAUX DE SÉOUL

Découvre les joyaux de l'histoire coréenne

Les cinq palais royaux de Séoul présentent une architecture étonnante, des jardins immaculés et une signification historique fascinante qui te transporteront dans le passé pour te donner un aperçu de l'histoire riche et fascinante de la Corée. De plus, tu pourras profiter d'activités culturelles amusantes telles que porter les vêtements traditionnels hanbok, et assister à des spectacles traditionnels.Et la dernière nouveauté - visite Cheong Wa Dae, l'ancienne résidence des présidents sud-coréens ! Nous te dirons exactement comment y parvenir.

Le meilleur itinéraire pour visiter les cinq palais en une journée est de commencer par **Gyeongbokgung** le matin et de te diriger vers l'est jusqu'à **Changdeokgung** et **Changgyeonggung**. De là, tu peux te diriger vers le sud jusqu'à **Deoksugung** et terminer ta journée à **Gyeonghuigung** dans la partie ouest de la ville. Prends le métro pour gagner du temps et éviter la circulation.

1 Gyeongbokgung 경복궁

Jongno-gu, Sajik-ro 161 종로구 사직로 161

3 min de marche (225 m) de la station
Gyeongbokgung la sortie n°5 ligne de métro 3

2 Changdeokgung 창덕궁

Jongno-gu, Yulgok-ro 99 종로구 율곡로 99

6 min de marche (381 m)
from **Anguk la sortie n°3 ligne de métro 3**

3 Changgyeonggung 창경궁

Jongno-gu, Changgyeonggung-ro 185 종로구 창경궁로 185

13 min de marche (771 m) de la station
Hyehwa la sortie n°4 ligne de métro 4

4 Deoksugung 덕수궁

Jung-gu, Sejong-daero 99 중구 세종대로 99

1 min de marche (80 m) de la station **City Hall la sortie n°2 ligne de métro 1**

5 Gyeonghuigung 경희궁

Jongno-gu, Saemunan-ro 45 종로구 새문안로 45

10 min de marche (639 m) de la station
Seodaemun la sortie n°4 ligne de métro 5

6 Cheong Wa Dae 청와대

Jongno-gu Cheongwadae-ro 1 종로구 청와대로 1

24 min de marche (1.4 km) de la station
Gyeongbokgung la sortie n°3 ligne de métro 3

Il ne s'agit pas d'un palais royal mais d'une résidence qui a servi aux précédents présidents coréens. Depuis peu, il est ouvert au grand public. Nous te recommandons vivement de visiter ce lieu époustouflant dans le cadre de ta visite !

① GYEONGBOKGUNG 경복궁
"Palais grandement béni par le ciel "

Gyeongbokgung est situé dans la partie nord de Séoul et est le plus grand des cinq palais. Il était le palais principal pendant la dynastie Joseon et comporte de nombreux pavillons, jardins et cours.

Jan - Fév : 9 h - 17 h
Mars - Mai : 9 h - 18 h
Juin - Août : 9 h - 18 h 30
Sep - Oct : 9 h - 18 h
Nov - Déc : 9 h - 17 h
(dernière admission 1 heure avant la fermeture.)

*Fermé le **mardi** (si un jour férié tombe un **mardi**, il est fermé le jour suivant.)
***Programme saisonnier de visites nocturnes**. Vérifie le site Web pour les horaires actuels.

Age 19~64 3 000 wons / 2 400 wons (groupe, 10 ou plus)
- **Gratuit** : 18 ans et moins, 65 ans et plus / Pour le port du Hanbok.
- Prends un billet **combiné/pass Royal Palace 통합관람권** pour 10 000 wons (contre 14 000 wons séparément) pour accéder à **Gyeongbokgung**, **Changdeokgung** (avec Secret Garden), **Changgyeonggung**, **Deoksugung** et au **sanctuaire de Jongmyo**. Valable trois mois. Achat sur place au moment de la visite. *Ne comprend pas **Gyeonghuigung**.

QU'Y A-T-IL AUTOUR DU PALAIS ?

A Statue de l'amiral Yi Sun-Sin

Prends une photo épique avec un héros légendaire de la guerre de Corée !

La statue commémore l'amiral Yi Sun-sin 이순신 un commandant naval légendaire de la dynastie Joseon, célébré pour son brio stratégique et les victoires contre les invasions japonaises pendant la guerre d'Imjin à la fin du XVIe siècle. La statue représente l'amiral Yi dans sa tenue militaire, tenant une épée, et regardant avec confiance vers l'horizon. Elle symbolise le courage, le patriotisme et l'esprit indomptable du peuple coréen !

Peux-tu trouver le légendaire bateau-tortue ?

Regarde bien en bas de la statue, et tu verras une maquette du bateau blindé Turtle Ship, inventé par l'amiral Yi Sun-sin et qui a joué un rôle crucial dans la défaite de l'armée japonaise. Garde l'œil ouvert pour le voir !

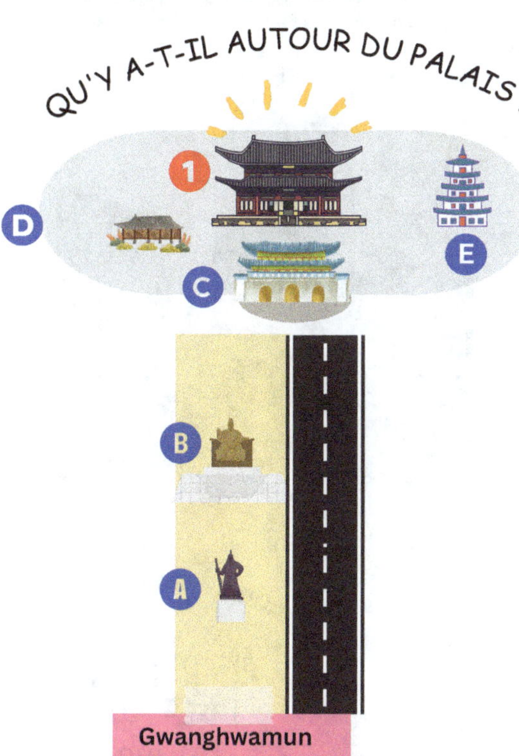

Pose avec le roi et prends une photo !

La statue du roi Sejong le Grand commémore son règne pendant la dynastie Joseon. Le roi Sejong est célèbre pour sa promotion de la science, de la littérature et de l'éducation. La statue le représente assis sur un trône, tenant un livre, symbolisant ses contributions à la culture coréenne et la création du Hangul, l'alphabet coréen. Elle rappelle son héritage durable et sert de symbole de l'histoire coréenne et de la fierté nationale. Découvre les brillantes inventions du règne du roi Sejong !

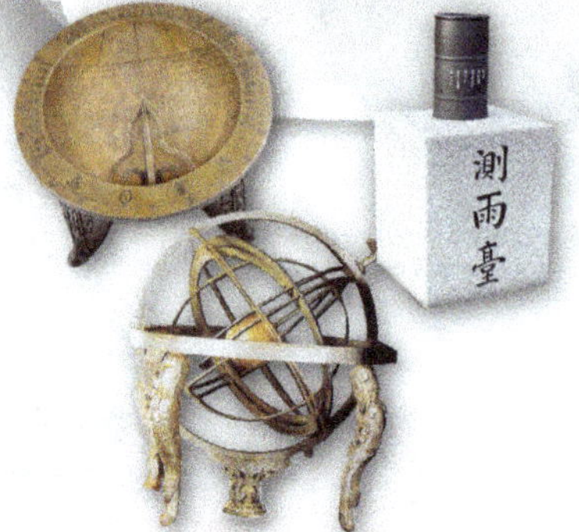

Découvre les brillantes inventions du règne du roi Sejong !

Devant la statue du roi, tu trouveras des répliques d'une sphère armillaire, du premier pluviomètre au monde et d'un cadran solaire, symbolisant la science avancée sous le règne du roi.

Visite le musée souterrain secret !

Savais-tu qu'il existe un espace secret caché derrière la statue que même de nombreux Coréens ne connaissent pas ? Il s'agit en fait d'un musée souterrain dédié au roi Sejong et à l'amiral Yi Sun-sin. À l'intérieur de ce vaste espace, qui est divisé en deux sections, tu peux te plonger dans la vie et les réalisations de ces deux personnages historiques. Le musée propose un large éventail de contenus multimédias et d'activités pratiques, permettant aux visiteurs de vivre une expérience unique. Si tu mentionnes que tu as visité cet endroit, les gens seront vraiment étonnés car c'est une découverte tout à fait remarquable !

sejongstory.or.kr

Entrée : Gratuit
Heures d'ouverture : 10 hto 18 h 30 (Dernière admission à 18 h)
*Fermé tous les lundis..

(Si un jour férié tombe un lundi, le musée sera ouvert et plutôt fermé le jour suivant).

GUIDE AUDIO GRATUIT

한국어 English
日本語　中文
Español

Crée des souvenirs variés !

Visite un kiosque et libère ta créativité pour concevoir un badge, un porte-clés ou une douille pop unique en combinant des éléments coréens avec les figures emblématiques du roi Sejong et de l'amiral Yi Sun-sin !
2 000 Wons (carte uniquement) 11 h - 18 h

Apprends à écrire ton nom en coréen !

Apprends à utiliser un pinceau et à écrire ton nom en Hangul ! À côté du centre d'éducation King Sejong GRATUIT 11 h - 18 h

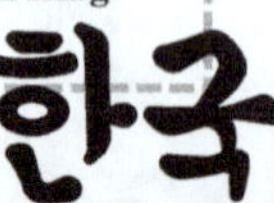

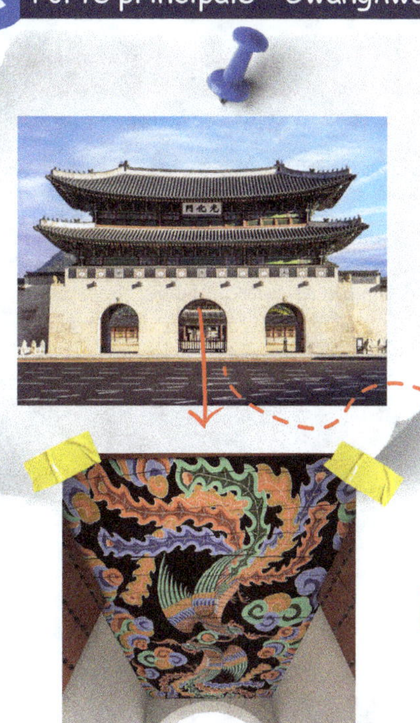

Gwanghwamun est la plus grande porte de Gyeongbokgung, et on l'appelle la porte de la "lumière qui s'étend". Elle a été construite pour la première fois en 1395 et constituait un point de repère important à Séoul lorsque la ville était la capitale pendant la dynastie Joseon. Malheureusement, la porte a été endommagée et négligée à différentes époques. En 1592, lors de l'invasion japonaise, elle a été incendiée et laissée en ruines pendant plus de 250 ans. Mais elle a fait l'objet de nombreux projets de restauration et la version la plus récente a été ouverte au public en 2010.

Choisis ton chemin à travers les portes arc-en-ciel !

Gwanghwamun possède trois portes en forme d'arc-en-ciel, où l'histoire raconte que le roi utilisait la porte du milieu, les fonctionnaires militaires entraient par la gauche et les fonctionnaires civils par la droite. Choisis ta porte préférée et entre dans le lieu de ton choix !

Découvre le Phénix sous l'arche !

Le Phénix levant est représenté sur le plafond de la porte du milieu de Gwanghwamun, représentant l'un desquatre gardiens chargés de défendre l'est, l'ouest, le nord et le sud. Il symbolise la direction du sud. Entrons dans le palais avec les conseils du Phénix levant !

Prends une photo avec la statue de Haechi !

Sur la face avant du mur de Gwanghwamun se trouve une statue de Haechi 해치, une créature légendaire des mythologies chinoise et coréenne. Haechi est représenté avec un corps musclé semblable à celui d'un lion, une corne sur le front, une cloche autour du cou et des écailles acérées recouvrant son corps. Au début de la dynastie Joseon, dans l'ancienne Corée, les sculptures de Haechi étaient utilisées dans l'architecture comme symbole de protection pour Hanyang (aujourd'hui Séoul), assurant la sécurité contre les catastrophes naturelles et promouvant la loi et l'ordre au sein de la population. Haechi est également une mascotte très appréciée de Séoul !

Loue un Hanbok et bénéficie d'une entrée gratuite !

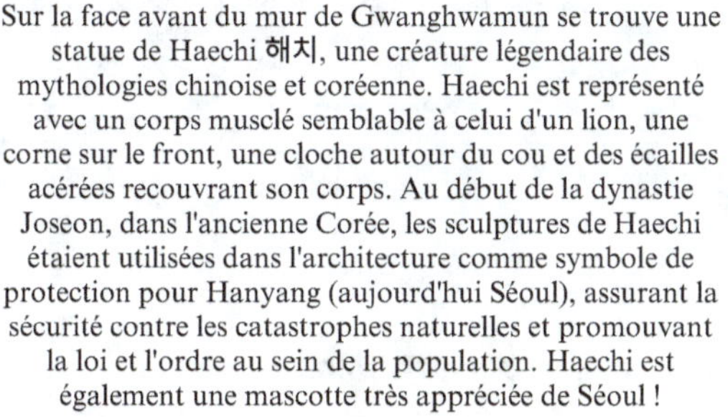

Immerge-toi dans la vie des palais en revêtant un exquis ensemble complet de Hanbok. Et voici le bonus : en portant un ensemble complet de Hanbok, tu peux bénéficier d'une entrée gratuite dans les palais. Remarque qu'un T-shirt et un pantalon de Hanbok ne constituent pas un ensemble complet.

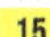

*Plusieurs magasins de location de hanboks se trouvent à proximité de la sortie n°4 de la station Gyeongbokgung sur la ligne 3 du métro

D Musée national du palais de Corée

gogung.go.kr

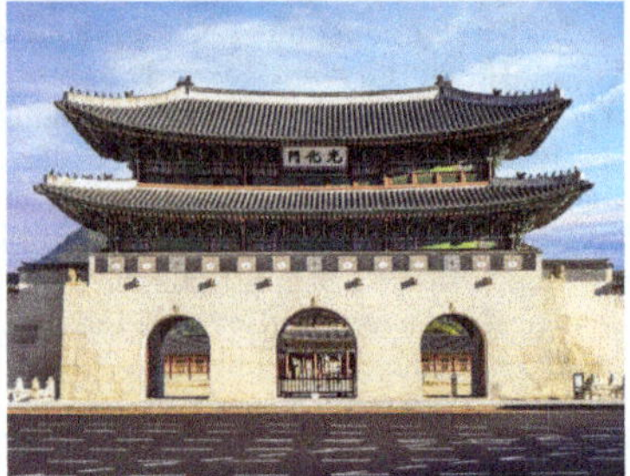

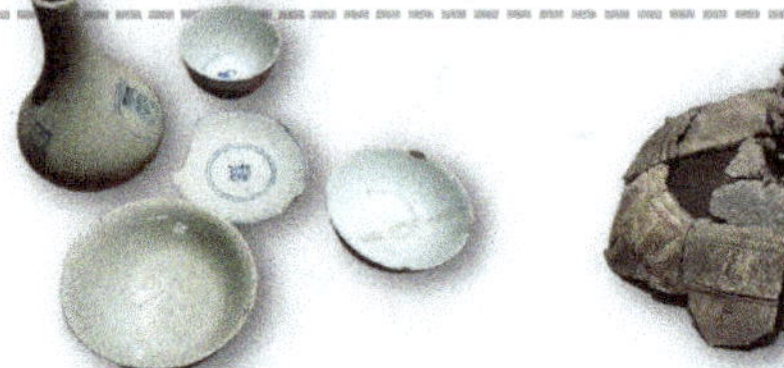

국립고궁박물관
Jongno-gu Hyoja-ro 12 종로구 효자로 12

TOUS LES JOURS 9 h - 18 h
(dernière admission 1 heure avant la fermeture.)
Fermé le 1/1, Seollal, Chuseok

Explore l'héritage Joseon à travers les artefacts ! ☐

Situé à l'intérieur de Gyeongbokgung, ce musée présente et supervise les trésors culturels et les objets historiques de la famille royale Joseon. Il comprend deux étages au-dessus du sol et un niveau de sous-sol, avec un total de 15 espaces d'exposition, présentant l'histoire de la famille royale de Joseon, y compris les différents palais, l'Empire coréen, les peintures royales et les rituels.

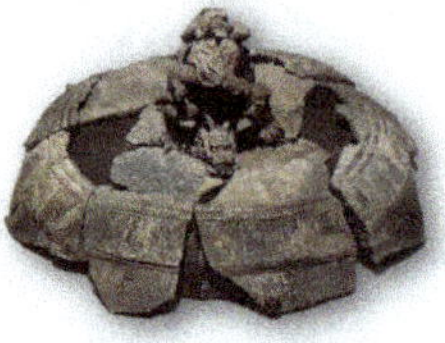

GEUNJEONGJEON 근정전 (HALL PRINCIPAL)

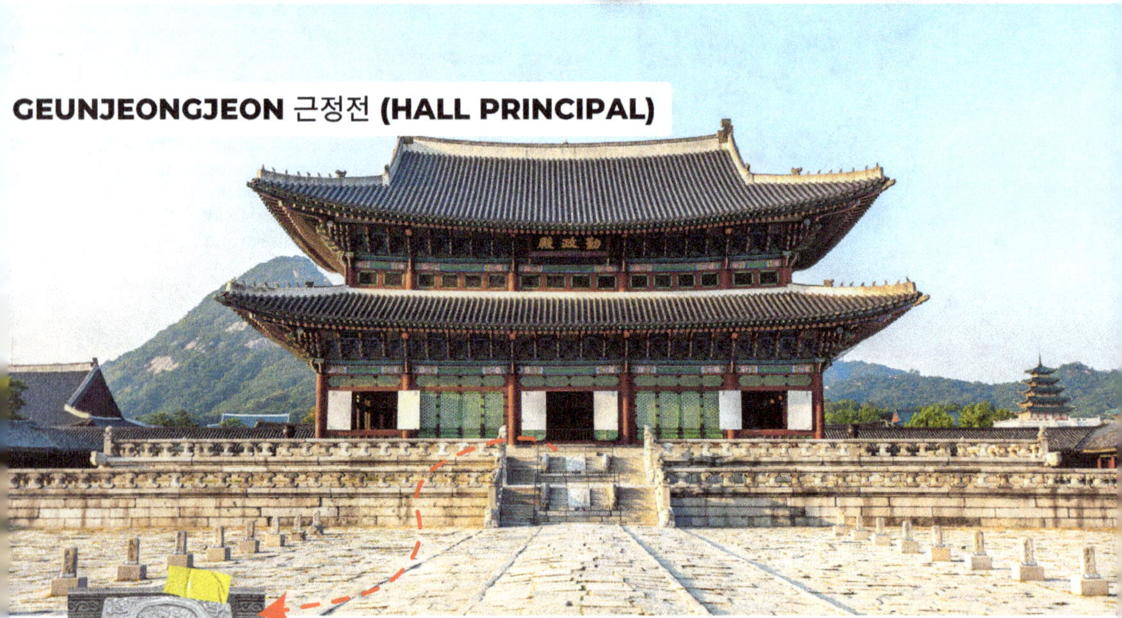

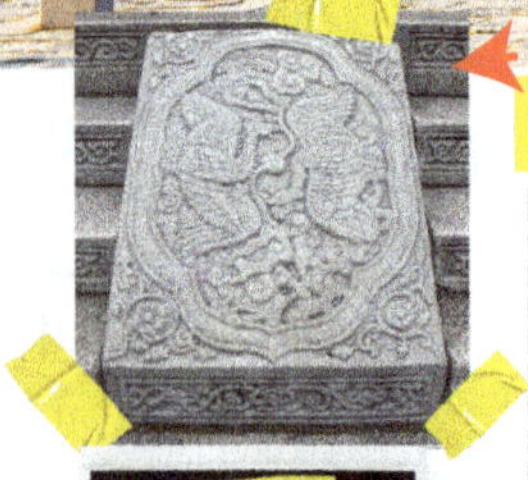

Repère le légendaire phénix sculpté dans la pierre ! ☐

Une fois que tu auras pénétré dans le palais, tu tomberas sur un chemin divisé en trois section connu sous le nom de samdo 삼도 ou "trois chemins". Le chemin central, qui est le plus large le plus haut, est appelé le chemin royal (eodo 어도) et était exclusivement utilisé par les rois. Le chemin de l'est était réservé aux fonctionnaires civils, tandis que le chemin de l'ouest était réservé aux fonctionnaires militaires. Dans le complexe du palais, une sculpture en pierre en forme de phénix se trouve le long du chemin du roi, symbolisant la paix et la prospérité. Selon tradition, le palanquin du roi passait à cet endroit car il ne marchait pas directement sur le so

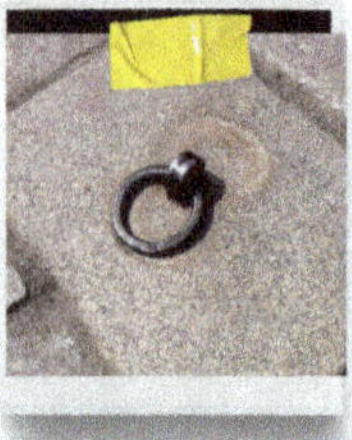

Trouve les boucles de fer utilisées pour monter les tentes ! ☐

Sur le sol de la cour, tu peux trouver des boucles de fer utilisées pour monter les tentes lors des événements importants de la cour. Ces boucles aident à empêcher la pluie et la lumière du soleil de pénétrer. Elles étaient utilisées pour sécuriser les tentes en attachant une corde épaisse à la boucle de fer, couvrant ainsi le soleil lorsque c'était nécessaire.

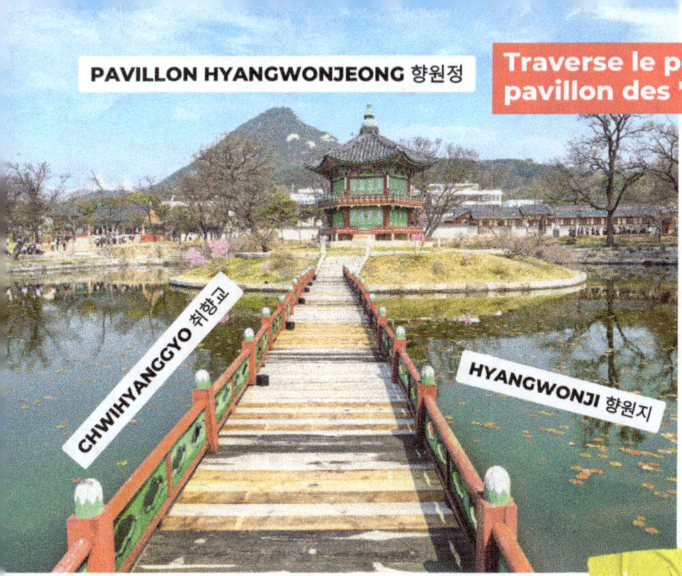

Traverse le pont pour te rendre au pavillon des "parfums lointains" !

Hyangwonjeong **향원정** est un petit pavillon de deux étages qui a été construit en 1873 par le roi Gojong. Il a la forme d'un hexagone et se trouve sur une île artificielle appelée Hyangwonji **향원지**. Il y a un pont appelé Chwihyanggyo **취향교** qui relie le pavillon à l'enceinte du palais. Hyangwonjeong signifie "pavillon au parfum lointain" et Chwihyanggyo signifie "pont enivré de parfum". Le Chwihyanggyo original était le plus long pont en bois de la dynastie Joseon, mais il a été détruit pendant la guerre de Corée. Il a ensuite été reconstruit à un autre endroit en 1953, mais aujourd'hui, il est en train de revenir à son emplacement d'origine sur le côté nord de l'île.

Découvre l'entrepôt des aliments fermentés coréens !

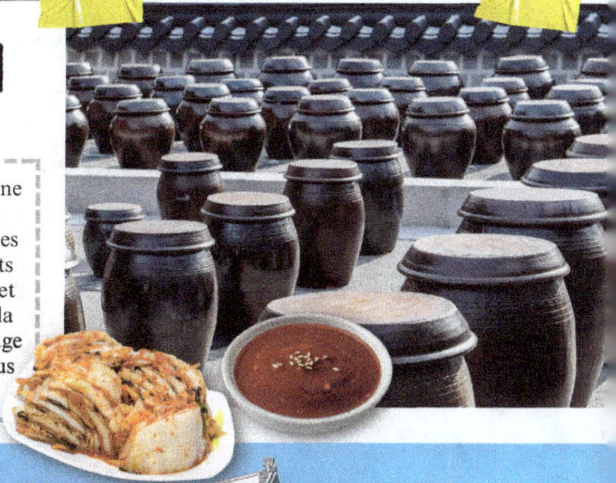

Adjacent à Hyangwonjeong se trouve janggo (**장고**), une zone de stockage désignée pour un large éventail de pâtes utilisées dans les banquets royaux, les rituels et les repas. Tu y trouveras une vaste collection de récipients spécialisés en terre cuite utilisés pour la fermentation et la conservation de divers aliments tels que le kimchi, la pâte de haricots et le gochujang. Ces espaces de stockage étaient supervisés par une dame de la cour connue sous le nom de janggo mama **장고마마**.

Repère les mystérieuses mini statues sur le toit !

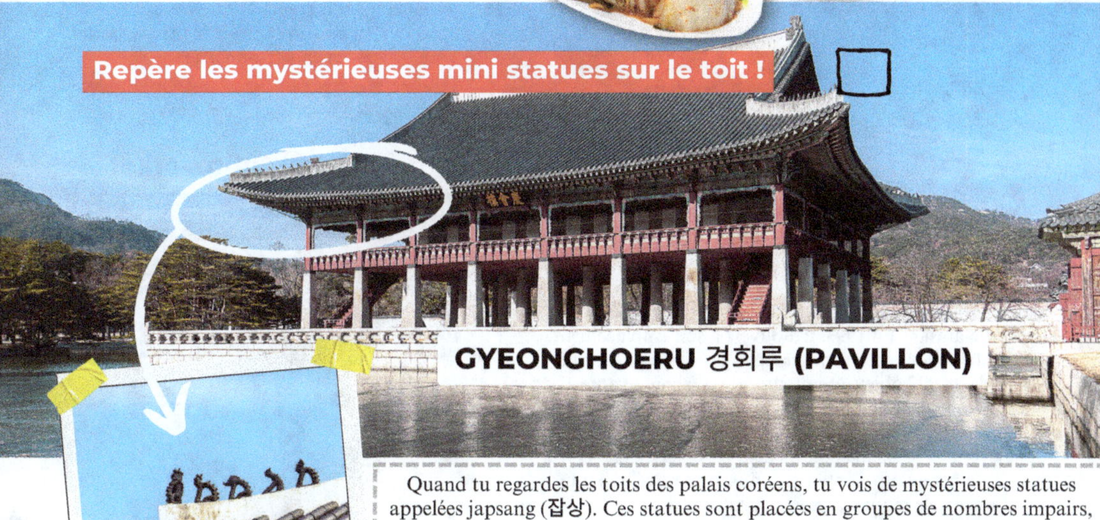

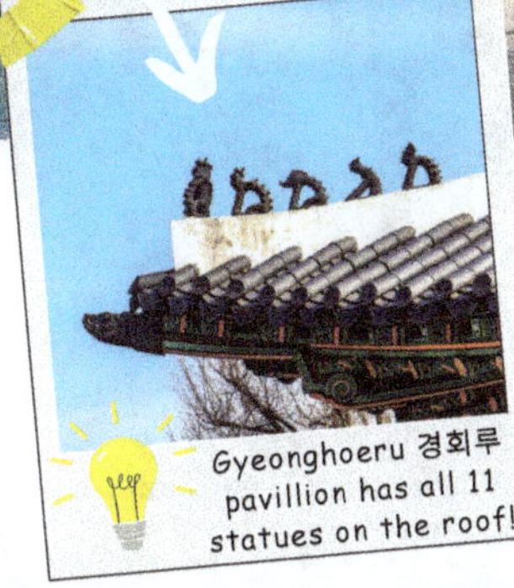

Gyeonghoeru 경회루 pavillion has all 11 statues on the roof!

Quand tu regardes les toits des palais coréens, tu vois de mystérieuses statues appelées japsang (**잡상**). Ces statues sont placées en groupes de nombres impairs, généralement jusqu'à 11. Elles proviennent d'un vieux système de croyance coréen et sont censées éloigner les mauvais esprits et la malchance, comme le font les gargouilles dans les histoires occidentales. Elles montrent également que les bâtiments sont importants et impressionnants. Cette tradition pourrait être venue de Chine il y a longtemps, pendant la dynastie Joseon, car on pense que les statues représentent des personnages et des dieux de la littérature classique chinoise, Le voyage en Occident.

Découvre le mur de la longévité et fais un vœu de longue vie !

À l'extérieur de Jagyeongjeon (자경전), tu rencontreras le shipjangsaeng (십장생), également connu sous le nom des "dix symboles de longévité". Ce motif traditionnel coréen comprend des représentations du soleil, de la montagne, du rocher, de l'eau, du nuage, du pin, de la plante élixir, de la tortue, de la grue et du cerf. Chaque symbole a une signification pour la longévité, et lorsqu'ils sont combinés, ils renforcent leurs significations individuelles.

Trouve-les tous !

- ⚪ soleil
- ⚪ montagne
- ⚪ rocher
- ⚪ l'eau
- ⚪ nuage
- ⚪ pin
- ⚪ plante élixir
- ⚪ tortue
- ⚪ grue
- ⚪ cerf

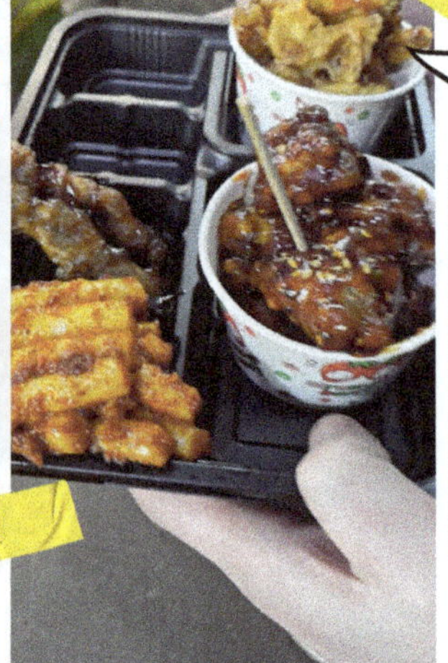

Déjeune comme le faisaient les anciens Coréens !

En semaine 11 h 15 h
Week-end et jours fériés 11 h- 16 h

Situé près de la gare de Gyeongbokgung, Tongin Market est un lieu de restauration animé au deuxième étage qui offre une expérience de déjeuner unique. Ici, tu peux acheter ton repas en utilisant des Yupjeon 엽전, des pièces de monnaie traditionnelles de la dynastie Joseon. Une fois que tu auras échangé ton argent contre ces pièces spéciales, tu pourras choisir ta propre boîte à lunch personnalisée.

풍이엉니 blog.naver.com/jjeung2_(CC BY 2.0 KR)

nfm.go.kr

Fais un voyage sur les traces de la vie coréenne ordinaire.

E Musée folklorique national de Corée

Ce musée a été construit en 1946 et a fusionné avec le Musée national de Corée, et 4 555 objets ont été déplacés au mont Namsan. En 1993, il a ouvert à son emplacement actuel à l'intérieur de Gyeongbokgung. Le musée compte plus de 98 000 objets qui montrent de façon vivante l'histoire de la vie quotidienne des Coréens ordinaires. C'est un endroit idéal pour comparer la vie des rois et celle des gens ordinaires dans l'histoire de la Corée. De plus, il y a beaucoup d'activités amusantes pour que tout le monde puisse en profiter !

국립민속박물관
Jongno-gu, Samcheong-ro 37 종로구 삼청로 37

TOUS LES JOURS 9 h - 18 h
(dernière admission 1 heure avant la fermeture.)
Fermé le 1/1, Seollal, Chuseok

② CHANGDEOKGUNG 창덕궁
"Palais de la vertu prospère"

Cheangdeokgung est situé dans la partie est de Séoul et est connu pour ses magnifiques jardins et ses paysages naturels. C'était le palais préféré de nombreux rois de la dynastie Joseon et il est classé au patrimoine mondial de l'UNESCO.

Fév - Mai : 9 h - 18 h
Juin - Août : 9 h - 18 h 30
Sep - Oct : 9 h - 18 h
Nov - Jan : 9 h - 17 h 30
(dernière admission à 1 heure avant la fermeture)

*Fermé le **lundi** (si un jour férié tombe un lundi, il est fermé le jour suivant)
**Programme saisonnier de visites nocturnes. Vérifie le site Web pour les horaires actuels.

Age 19~64 1 000 wons / 800 wons (groupe, 10 ou plus)
- Gratuit : 18 ans et moins, 65 ans et plus / Pour le port du Hanbok.
- Huwon 후원 (Jardin secret) est limité à 100 personnes par session (50 réservations en ligne / 50 sur place).

Il est fortement recommandé de faire une réservation en ligne à l'avance

Repère l'effrayant gobelin coréen sur le pont de pierre !

Chaque palais royal coréen avait un cours d'eau qui le traversait, et il y avait un pont de pierre au-dessus du cours d'eau. Ils ont fabriqué des statues de gobelins, appelées dokkaebi 도깨비, et les ont sculptées sur les ponts de pierre. Les gens croyaient que ces statues de gobelins et autres créatures effrayantes éloigneraient les mauvais esprits et assureraient la sécurité du palais.

karendotcom127 flickr.com/photos/karendotcom127 (CC BY 2.0)

Explore la transformation moderne du hall Injeongjeon !

Le Hall Injeongjeon, qui est devenu une passerelle vers les cultures étrangères pendant les relations diplomatiques de la fin de la dynastie Joseon, a subi une modernisation avec des ajouts occidentaux comme des fenêtres, des ampoules électriques et des rideaux. Cette transition s'est poursuivie lorsque le roi Sunjong a déménagé au palais de Changdeokgung en 1907, ce qui a entraîné le remplacement du sol traditionnel en jeondol 전돌 (brique) par un sol moderne et l'introduction d'ampoules électriques.

Repère l'extincteur coréen traditionnel !

Dans les coins des salles, il y a des jarres spéciales en bronze appelées deumeu 드므 ou deumu 드무. On les remplit d'eau pour arrêter les incendies et éloigner les mauvais esprits du feu. Les gens pensaient que ces esprits se verraient dans l'eau et auraient peur. En hiver, ils mettaient des feux à proximité pour empêcher l'eau de geler. Cela montre comment ils combinaient leurs croyances et leur raisonnement scientifique !

NAKSEONJAE 낙선재

Construit en 1847, Nakseonjae 낙선재 a été établi comme lieu de retraite et d'étude pour le roi Heonjong. Réputé pour être la dernière résidence de la famille royale, son intérieur s'enorgueillit d'une porte circulaire ressemblant à une pleine lune, mettant en valeur la sensibilité artistique de la dynastie Joseon.

Dadreot. via wikimedia commons CC BY-SA 3.0

느꽃지기 blog.naver.com/kwwoolim (CC BY 2.0 KR)

À l'arrière de la résidence se trouve un joli jardin, à côté d'un pavillon modeste et gracieux nommé Sangryangjeong 상량정. Sur la clôture ouest, tu peux également trouver une entrée circulaire faite de briques. Elle se dresse comme la dernière porte de palais restante avec cette forme ronde distinctive. À l'intérieur, elle contient des portes coulissantes qui se déplacent d'un côté à l'autre.

Découvre le jardin secret du palais

Construit à l'origine pendant la dynastie Joseon, le jardin secret (Huwon 후원) servait de retraite privée à la famille royale, lui offrant une échappatoire paisible aux exigences de la vie de cour. Aujourd'hui, les visiteurs peuvent se lancer dans des visites guidées pour explorer ses paysages sereins, ses sentiers sinueux, ses magnifiques étangs et ses pavillons traditionnels.

L'entrée est séparée du palais principal et nécessite un billet séparé pour la visite. En raison de sa nature délicate, le nombre de visiteurs quotidiens est limité, et l'entrée est accordée dans le cadre de visites programmées. Consulte le site Internet pour plus d'informations.

Trouve le bar extérieur utilisé pour une session de boisson amusante !

Dans le quartier de Huwon ("Jardin arrière"), il y a un ruisseau appelé Ongnyucheon 옥류천 ("Ruisseau de Jade"). Il possède un canal d'eau en forme de U réalisé en 1636 pour faire flotter des coupes de vin. Il y a aussi une petite cascade et un poème écrit sur un gros rocher au-dessus. De plus, tu trouveras cinq petits pavillons dans cette zone.

 **3** CHANGGYEONGGUNG 창경궁
"Palais de la joie magnifique"

Changgyeonggung est situé dans la partie orientale de Séoul, à côté de Changdeokgung. Il a d'abord été construit comme un palais d'été, mais a ensuite été transformé en jardin botanique.
*Tu peux partir du palais de Changdeokgung et arriver par le jardin arrière 후원 (Huwon).

TOUS LES JOURS 9 h - 21 h
(Dernière admission à 1 heure avant la fermeture)

*Fermé le **lundi**
(si un jour férié tombe un lundi, il est fermé le jour suivant)
*Programme saisonnier de visites nocturnes. Vérifie le site Web pour les horaires actuels.

Age 19~64 1 000 wons / 800 wons (groupe, 10 ou plus)
Gratuit : 18 ans et moins, 65 ans et plus / Pour le port du Hanbok.

Vis une journée dans la vie d'un fonctionnaire de la cour !

MYEONGJEONJEON 명정전 (HALL PRINCIPAL)

"Les pierres de rang", connues sous le nom de pumgyeseok 품계석, sont soigneusement disposées sur deux rangées, offrant un aperçu du monde des fonctionnaires de la cour et de leur rôle pendant les cérémonies. Choisis le rang que tu préfères et place-toi à côté pour immortaliser le moment !

Découvre le trône royal du roi avec les majestueux phénix qui s'élèvent au-dessus de toi !

Wei-Te Wong flickr.com/photos/wongwt (CC BY-SA 2.0)

Le trône du phénix, ou eojwa 어좌 symbolise l'autorité ultime du roi, porteur d'une signification profonde. Le phénix entretient un lien de longue date avec la royauté coréenne, qui se manifeste sous divers aspects, comme les peintures murales des tombes du royaume de Goguryeo 고구려.

Irworobongdo 일월오봉도, également reconnu comme la "peinture du soleil, de la lune et des cinq pics", est un paravent traditionnel coréen exposé derrière le trône royal dans la dynastie Joseon. Il représente un paysage stylisé avec le soleil, la lune et cinq pics, symbolisant le roi, la reine et une terre mythique. Cet écran mettait magnifiquement en valeur la majesté de la cour royale Joseon.

Découvre la chambre sacrée du placenta royal !

Taesil 태실, qui signifie "chambre du placenta", est une structure construite pour enchâsser le cordon ombilical et le placenta du roi Seongjong 선종, qui a régné de 1469 à 1494. Cette pratique était ancrée dans la tradition et la croyance de la dynastie, qui estimait que la préservation des placentas des héritiers royaux dans des sites auspicieux à travers le pays était liée au destin de la famille régnante.

Dis dans quel sens souffle le vent avec cet instrument en pierre !

Wei-Te Wong flickr.com/photos/wongwt (CC BY-SA 2.0)

Punggidae 풍기대 est un instrument de mesure en pierre utilisé pour déterminer la vitesse et la direction du vent. Une perche est insérée dans un trou au sommet de la pierre, et un morceau de tissu est attaché à l'extrémité de la perche pour indiquer le mouvement du vent.

Trouve le cadran solaire et essaie de lire l'heure !

Angbuilgu 앙부일구 est un cadran solaire en forme de chaudron renversé, créé sous le règne du roi Sejong en 1434 et réputé pour sa capacité à afficher l'heure solaire locale et les vingt-quatre termes solaires.

Il s'agit d'une réplique, et l'artefact réel est conservé au Musée national du palais situé à l'intérieur de Gyeongbokgung.

Découvre diverses plantes dans la première serre de style occidental de Corée !

Établie en 1909, Daeonsil 대온실 ("Grande serre") est la première serre de style occidental de Corée, construite à côté d'un zoo de palais par le gouvernement colonial japonais. Conçue par un architecte japonais et construite par une entreprise française, la structure fusionne l'acier et le bois, avec un extérieur en verre. Elle présentait initialement des plantes exotiques, puis des plantes coréennes indigènes après la restauration du palais en 1986.

4 DEOKSUGUNG 덕수궁
"Palais de la longévité vertueuse"

Le Deoksugung est situé au cœur de Séoul, à proximité de l'hôtel de ville. Il était la résidence de la famille royale à la fin de la dynastie Joseon et présente un mélange d'architecture traditionnelle et moderne (occidentale).

TOUS LES JOURS 9 h - 21 h
(Dernière admission à 1 heure avant la fermeture)

*Fermé le **lundi**
(si un jour férié tombe un lundi, il est fermé le jour suivant)
*Programme saisonnier de visites nocturnes. Vérifie le site Web pour les horaires actuels.

Age 19~64 1 000 wons / 800 wons (groupe, 10 ou plus)
- Gratuit : 18 ans et moins, 65 ans et plus / Pour le port du Hanbok.

Assiste à l'authentique cérémonie de changement de la garde royale !

Voici Daehanmun 대한문, qui est aussi la billetterie du palais.

Sous la dynastie Joseon, la garde royale était comme une défense nationale et aidait le roi à garder le contrôle et l'ordre. Tout a commencé avec le premier garde de la porte en 1469, lorsque le roi Yejong est devenu roi. Plus tard, les règles de gestion des gardes de porte ont été ajoutées au Code national sous le règne du roi Seongjong. En 1906, une cérémonie de changement de la garde royale devant la porte Daehanmun a commencé, faisant de celle-ci l'entrée principale du palais.

*La cérémonie a lieu tous les jours à 11 h et à 14 h (sauf le lundi).

Jette un coup d'œil à l'œuvre d'art étonnante sur le tambour du dragon !

Le yonggo 용고, également appelé "tambour du dragon", est un tambour de barbarie utilisé dans la musique militaire appelée daechwita 대취타. Il a des têtes plaquées avec des motifs de dragons peints. Il est frappé avec deux baguettes rembourrées.

Au-delà de la porte se trouve Geumcheongyo 금천교 (porte le même nom que celui de Changdeokgung, construit en 1411 puis excavé et restauré en 1986. Il s'agit du plus ancien pont encore existant à Séoul. En franchissant la porte, tu traverseras un ruisseau, qui représente un bassin sacré que l'on trouve dans tous les palais royaux. Cet acte signifie que l'on se purifie avant d'entrer.

Le motif des tuiles de Yuhyeonmun 유현문, qui mène à Hamnyeongjeon 함녕전, la chambre du roi, met en valeur les motifs éclatants du phénix et du dragon. Ces motifs symbolisent l'autorité du roi.

Situé sur la colline du jardin arrière, surplombant le palais, Jeonggwanheon 정관헌 est un bâtiment construit vers 1900 pour la détente et le divertissement. Il intègre des éléments architecturaux coréens et occidentaux et a été conçu par un architecte russe. Les colonnes supérieures du bâtiment sont ornées de sculptures représentant des motifs traditionnels coréens, notamment des dragons bleu et or, des chauves-souris et des vases de fleurs.

Les chauves-souris sont considérées comme des symboles de chance, éloignant les mauvais esprits et symbolisant la fertilité.

Le symbole d'un cerf portant une herbe de jeunesse éternelle, connu sous le nom de bulocho 불로초.

Les carreaux de style occidental sur le sol de Jeonggwanheon.

Seokjojeon 석조전 est un bâtiment historique construit en 1900 pour servir de salle principale et de résidence au roi Gojong. Conçu par un architecte britannique, il combine les styles architecturaux occidentaux et coréens. Témoin d'événements importants, il a été restauré dans les années 1990. Depuis la pelouse située de l'autre côté de la fontaine d'eau, tu peux prendre une photo qui fusionne magnifiquement le passé et le présent de la Corée, mêlant les influences occidentales aux traditions coréennes !

Seokseokjeon comprend le Donggwan 동관 (bâtiment est) et le Seogwan 서관 (bâtiment ouest). Le bâtiment principal, Donggwan, abrite actuellement le musée d'histoire de l'empire Daehan (coréen), qui présente des objets liés à la famille royale, tandis que le Seogwan, ajouté plus tard, abrite aujourd'hui le musée national d'art moderne et contemporain.

Daehan Empire History Museum (Donggwan) Mar - Dim : 9 h 30 - 16 h 30 **Fermé Lun**

Tu peux explorer librement le rez-de-chaussée sans réservation. Le 1er et le 2e étage nécessitent une réservation.

deoksugung.go.kr

National Museum of Modern and Contemporary Art (Seogwan)

Mar, jeu, ven, dim : 10 h- 18 h / mer, sam : 10 h- 21 h / **Fermé Lun**

mmca.go.kr

Tu peux visiter le rez-de-chaussée.

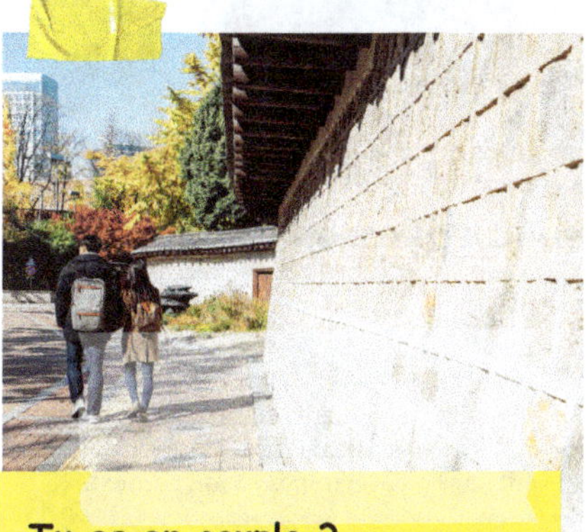

Il y a un endroit particulier à Séoul que tu devrais éviter d'explorer avec ta moitié : le DeoksugungDoldamgil 덕수궁 돌담길, également connu sous le nom de "chemin du mur de pierre". Ce chemin longe le mur de pierre qui entoure la zone de Deoksugung semble délicieux à première vue.

Cependant, il existe une légende urbaine suggérant que marcher le long de ce sentier peut conduire à la rupture des couples. Bien que les origines exactes de cette croyance restent floues, il est intéressant de noter que le sentier mène finalement au tribunal des affaires familiales de Séoul, par lequel doivent passer de nombreux couples cherchant à se séparer. Oses-tu tenter ta chance ?

À proximité du palais Deoksugung, se trouve un magasin Starbucks unique en son genre que l'on ne trouve qu'en Corée. Le magasin Hwangudan 환구단 est exquisément conçu avec l'architecture traditionnelle coréenne Hanok, servant d'inspiration pour sa décoration intérieure et ses articles.

Starbucks Hwangudan
스타벅스 환구단점
Jung-gu Sogong-ro 112
중구 소공로 112

Situé dans l'hôtel Westin Josun !

GYEONGHUIGUNG 경희궁

"Palais de la joie et de l'harmonie"

La construction du palais s'est achevée en 1620. Après l'invasion japonaise de 1592, il est devenu un palais détaché, connu sous le nom de Palais de l'Ouest, séparé de la résidence royale, Changdeokgung. À son apogée, le Gyeonghuigung abritait plus de 100 salles ; cependant, des incendies ont détruit la plupart d'entre elles, et les autres ont été démantelées pour agrandir le Gyeongbokgung. Après la libération de 1945, le lycée de Séoul s'y est installé jusqu'en 1978. En 1985, des travaux de restauration, notamment du hall Sungjeongjeon, ont été entrepris.

TOUS LES JOURS 9 h - 18 h
(Dernière admission à 1 heure avant la fermeture)

*Fermé le **lundi**
(si un jour férié tombe un lundi, il est fermé le jour suivant)

Entrée gratuite

Jette un coup d'œil dans la vie du roi !

À l'intérieur du Sungjeongjeon 숭정전 se trouve une mini exposition captivante qui reconstitue de façon vivante la vie au sein du palais. Tu pourras t'asseoir sur le trône du Phénix et revivre la splendeur de cet espace méticuleusement restauré, en ayant un aperçu de ce que l'on pouvait ressentir dans le passé.

SUNGJEONGJEON 숭정전

Peux-tu repérer les 17 objets royaux ?

Utilise l'image pour t'aider à localiser et à identifier les 17 objets royaux qui se trouvent à l'intérieur du bâtiment. Essaie de deviner à quoi servait chaque objet en te basant sur son apparence et son contexte !

- ○ 1. Écran royal
- ○ 2. Drapeau d'honneur (Cheongseon 청선)
- ○ 3. Support d'encens / Vase
- ○ 4. Trône royal (Eojwa 어좌)
- ○ 5. Siège du secrétaire
- ○ 6. Table de lecture
- ○ 7. Table à encre
- ○ 8. Siège de l'historien
- ○ 9. Lampe
- ○ 10. Drapeau d'honneur (Parasol 일산)
- ○ 11. Drapeau d'honneur (éventail dragon 용선)
- ○ 12. Drapeau d'honneur (éventail du phénix 봉선)
- ○ 13. Épée
- ○ 14. Drapeau d'honneur (Hongyangsan 홍양산)
- ○ 15. Drapeau d'honneur (Geumwolbu 금월부)
- ○ 16. Drapeau d'honneur (Sujeongjang 수정장)
- ○ 17. Brûleur d'encens / Encens

TAERYEONGJEON 태령전

Rencontre le portrait du roi Yeongjo !

Au départ, le Taeryeongjeon 태령전 n'avait pas de but ou de fonction spécifique. Cependant, en 1744, au cours de la 20e année du règne du roi Yeongjo, une rénovation a eu lieu, et un emplacement spécial a été désigné pour le portrait du roi au sein de la structure.

Découvre la raison pour laquelle le palais a été construit - le rocher du roi !

Connu à l'origine sous le nom de Wangam 왕암 (rocher du roi), Seoam 서암 est le nom donné au rocher situé derrière Taeryeongjeon. Le nom "Wangam" est né d'une croyance populaire selon laquelle Gwanghaegun, un ancien roi, aurait senti une énergie royale émaner du rocher et aurait choisi d'établir Gyeonghuigung dans ses environs. En 1708, au cours de la 34e année du règne du roi Sukjong, il a été officiellement rebaptisé Seoam, et le roi Sukjong lui-même a personnellement écrit le nom en caractères chinois, qui ont ensuite été gravés de façon grandiose sur une pierre.

Musée d'histoire de Séoul

museum.seoul.go.kr

Embarque pour un voyage dans le temps à la découverte du passé et du présent de Séoul !

Le musée propose un voyage complet à travers l'histoire et la culture de Séoul, depuis les époques préhistoriques jusqu'à l'ère moderne. De l'illustre dynastie Joseon à la période de la domination coloniale japonaise, tu pourras te plonger dans l'évolution remarquable de Séoul, et notamment dans ses avancées remarquables après la guerre de Corée.

Jjw, (CC BY-SA 3.0), via Wikimedia Commons

서울역사박물관
Jongno-gu Saemunan-ro 55 종로구 새문안로 5

TOUS LES JOURS 9 h - 18 h
(Dernière admission à 17 h 30.)
Fermé le lundi and 1/1)

⑥ CHEONG WA DAE 청와대
"L'ancienne résidence des présidents coréens"

Également connu sous le nom de "Maison bleue" en raison de ses tuiles bleues uniques, ce bâtiment a été construit en 1946 et a fonctionné comme bureau et résidence du président sud-coréen jusqu'en 2022. Désormais ouvert au public, l'établissement s'étend sur environ 62 acres et a été construit sur le terrain historique du jardin royal de la dynastie Joseon. Son emplacement magnifique près de la montagne Bugaksan offre une expérience incroyable aux visiteurs en Corée. Pour en savoir plus sur les programmes disponibles et t'inscrire, ne manque pas de visiter le site Web.

자부 blog.naver.com/zaaboo
(CC BY 2.0 KR)

Mar - Nov 9 h - 18 h (Dernière admission à 17 h 30.)
Dec - Fév 9 h - 17 h 30. (Dernière admission à 17 h)
(Sur réservation et demandes sur place)

Entrée gratuite

*Fermé le **mardi**
(si un jour férié tombe un mardi, il est fermé le jour suivant)

Détails de la demande sur place :
- Éligibilité : Les seniors âgés de 65 ans ou plus, les personnes handicapées (peuvent avoir 1 personne supplémentaire), les personnes éligibles aux avantages nationaux des anciens combattants et les étrangers.
- Lieux de dépôt des demandes : Centre d'information de la porte principale, Chunchumun 춘추문 Centre d'information de la 37e porte

Nombre maximum de participants
Réservation individuelle : 6
Réservation de groupe : 20-50
65 ans ou plus/demandeurs handicapés : 6

opencheongwadae.kr/eng

La page de réservation n'est disponible qu'en coréen. Il se peut que vous deviez utiliser la fonction de traduction de votre navigateur.

Tu peux entrer et sortir de n'importe quel point, et il n'y a pas de limite de temps pour ton expérience de visionnage.

Prends un bus autonome pour t'y rendre !

Mélange de patrimoine et de technologie de pointe ! Fais l'expérience d'une balade à bord de notre bus autonome. Ce bus innovant fait la navette le long du Gyeongbokgung Stonewall Walk, couvrant un parcours de 2,6 km. Aucune réservation n'est nécessaire - il suffit de monter à bord et de profiter du voyage !

Bus #A01
Arrêt de bus : près de l'entrée principale du Musée national du Palais de Corée (Gyeongbokgung) / À côté de la sortie #5 de la station de métro Gyeongbokgung Ligne 3

Horaires :
(Lun-Ven) 9 h-17 h (pause de 12 h-13 h)
(Sam-Dim) 9h30-17h (12h-13h de pause)

Tarifs : Gratuit
(carte de transport requise)

Sarangchae 사랑채 (situé juste en face de l'arrêt de bus Cheongwadae) est un endroit où les visiteurs peuvent découvrir l'histoire de Cheong Wa Dae et ce qu'il fait. À l'intérieur, tu trouveras une chaise installée comme celle du président. Assieds-toi dessus et imagine que tu es le président de la Corée du Sud !

Passe sous cette porte pour une jeunesse éternelle !

N'oublie pas de passer sous la charmante porte Bulomun 불로문 à l'entrée du petit jardin. La légende dit que passer dessous apporte la jeunesse éternelle. Alors, vas-y, fais le vœu d'une vie remplie de santé et de longévité - le jardin t'invite à embrasser cette tradition pleine d'espoir.

자부 blog.naver.com/zaaboo (CC BY 2.0 KR)

Entre dans la peau d'un porte-parole présidentiel !

Chunchugwan fait office de centre de presse pour Cheong Wa Dae, en fournissant aux médias des mises à jour sur les politiques et les questions importantes. Pourquoi ne pas te tenir debout et prendre une photo mémorable ici ? Si le stress ne t'effraie pas, peut-être que le rôle de porte-parole présidentiel pourrait être ta vocation !

쪼리 blog.naver.com/jj0ry (CC BY-SA 2.0 KR)

Emprunte le sentier du patrimoine pour profiter de la vue depuis les hauteurs !

자부 blog.naver.com/zaaboo (CC BY 2.0 KR)

Entouré d'une nature magnifique, le sentier du patrimoine offre une vue incroyable sur Cheong Wa Dae et Séoul depuis la montagne Bugaksan. Tu peux commencer par emprunter le chemin situé derrière la résidence présidentielle. La randonnée en montée est d'environ 510 mètres et te donne de larges vues sur des endroits comme Gyeongbok et le Séoul moderne. Tu verras aussi le paisible pavillon Ounjeong et tu trouveras un ancien bouddha assis en pierre. Ce sentier mélange l'histoire, la nature et la vie moderne, ce qui en fait une aventure de 30 minutes dont tu te souviendras toujours. Une fois que tu auras terminé, tu seras de retour au bâtiment principal du bureau.

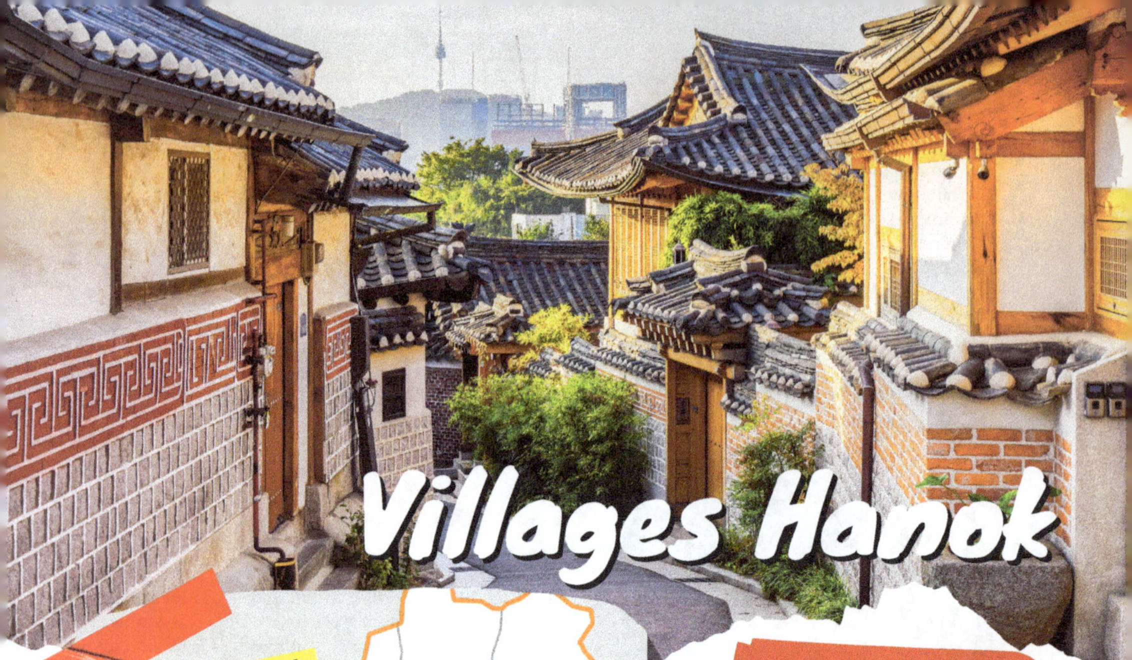

Villages Hanok

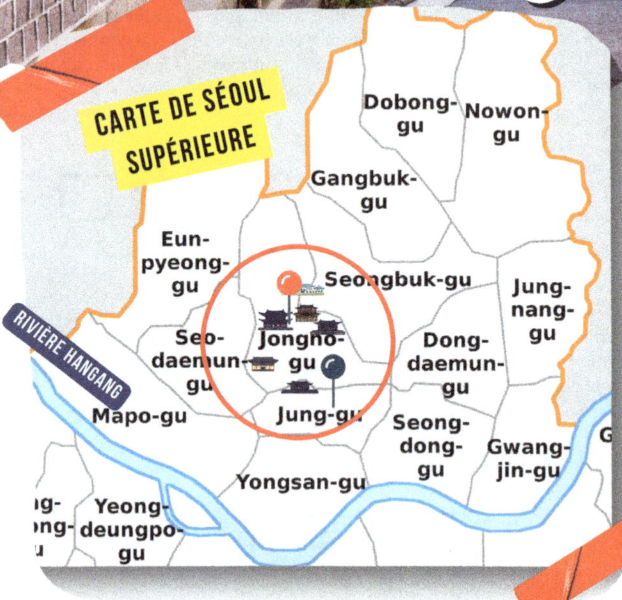

Remonte le temps et découvre le mode de vie coréen

Découvre la beauté unique de l'architecture coréenne traditionnelle en te promenant dans les rues de ces quartiers historiques. Immerge-toi dans le mode de vie traditionnel coréen et approfondis tes connaissances sur la richesse de la culture et du patrimoine du pays. Ces villages offrent un aperçu du passé de la Corée avec leurs charmants cafés, leurs boutiques locales et leurs étonnants détails architecturaux.

POUR L'ITINÉRAIRE !

Bukchon Hanok Village 북촌 한옥마을 Jongno-gu, Gahoe-dong 31-48 종로구 가회동 31-48
17 min de marche (865 m) de la station **Anguk la sortie n°2 ligne de métro 3**

Situé entre Gyeongbokgung et Changdeokgung au cœur de Séoul, il se distingue par son emplacement spacieux et étendu. Il compte environ 900 maisons traditionnelles Hanok bien préservées qui sont toujours occupées par les résidents locaux. Bien qu'il s'agisse avant tout d'une zone résidentielle, certaines maisons ont été transformées en centres culturels, en maisons d'hôtes et en boutiques, ce qui permet aux visiteurs d'avoir un aperçu de la vie quotidienne des habitants. De plus, le village est niché entre deux palais, offrant une vue imprenable sur l'architecture traditionnelle juxtaposée à la ligne d'horizon moderne de Séoul.

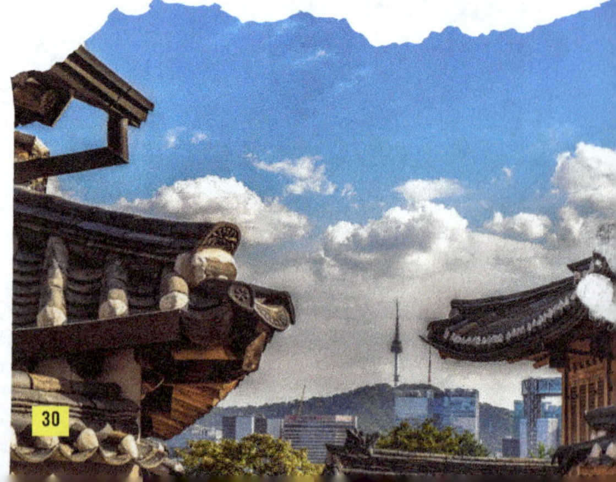

Le village Hanok de Bukchon est une destination populaire parmi les touristes étrangers, et il sert fréquemment de décor dans les drames et les films. L'un des endroits les plus remarquables est le point photo situé au sommet des maisons aux toits de tuiles. C'est vraiment un spectacle à voir !

Jongno-gu, Gahoedong 31-65
종로구 가회동 31-65

Il se trouve à environ 15 minutes de marche de la gare d'Anguk.

Samcheongdong Sujebi 삼청동 수제비
Jongno-gu, Samcheong-ro 101-1
종로구 삼청로 101-1
TOUS LES JOURS 11 h - 21 h

Établi en 1982 et récemment reconnu par le Guide Michelin, ce restaurant bien-aimé est réputé pour ses délicates nouilles sujebi 수제비 (déchirées à la main) dans un bouillon d'anchois savoureux, ils proposent également de délicieuses galettes de pommes de terre tout-venant.

Pour une entrée plus rapide, il est préférable de se rendre en dehors de l'heure du déjeuner.

Savoure la beauté des lieux en buvant une gorgée de thé coréen

Cha Teul 차마시는 뜰
Jongno-gu, Bukchon-ro 11na-gil 26 종로구 북촌로11나길 26

Sun : 11 h - 21 h
Mar - Ven : 12 h - 21 h
Fermé Lun

Nichée dans un cadre pittoresque au milieu de l'architecture et des jardins coréens traditionnels, cette maison de thé offre une rencontre authentique avec la culture traditionnelle du thé en Corée. Les visiteurs peuvent y déguster des thés aux fleurs de clocher, aux prunes, aux jujubes et à l'herbe argentée, accompagnés de sucreries et de gâteaux de riz coréens classiques.

POUR L'ITINÉRAIRE !

Visite le lieu de tournage du film "The Assassination" !

Cette maison, remarquable pour ses apparitions dans "The Assassination" et "Reborn Rich", détient une valeur historique en tant qu'ancienne résidence de Baek In-je, la fondatrice de l'hôpital Baek. Étant la deuxième plus grande maison traditionnelle de Séoul, elle offre une entrée gratuite et un coin photo dans l'annexe, invitant les visiteurs à capturer son essence à travers des photos.

Jongno-gu, Gahoe-dong 11-7
종로구 가회동 11-7
La maison de Baek Inje 백인제 가옥
Mar - Dim : 9 h - 18 h Fermé Lun

POUR L'ITINÉRAIRE !

Apprends à créer un nœud coréen traditionnel !

Explore l'élégance des nœuds ornementaux traditionnels coréens comme les glands, les serre-tailles et les ornements en éventail, harmonieusement présentés avec des motifs contemporains dans cet atelier. Apprécie la fusion de l'héritage et de l'innovation, et participe à leur cours pratique pour fabriquer un fil de téléphone portable, un bracelet et un collier en utilisant la technique ancestrale du nœud coréen. Cet atelier dédié mélange l'histoire et la créativité tout en offrant une éducation artistique et artisanale pour tous les niveaux d'expertise.

POUR L'ITINÉRAIRE !

Atelier de nœuds Donglim 동림 매듭공방
Jongno-gu, Gahoe-dong 11-7
종로구 가회동 11-7

Mar - Dim 10 h – 18 h   shimyoungmi.com

Cet espace propose un centre d'expérience, un centre d'éducation et une salle d'exposition, offrant de nombreuses possibilités d'apprendre et de s'engager dans l'artisanat traditionnel coréen. Malgré sa petite taille, il propose une gamme variée de programmes d'artisanat qui varient selon le jour de la semaine et se déroulent en petits groupes d'une dizaine de personnes. Tout le monde peut participer aux activités d'artisanat traditionnel sans avoir besoin de réserver !

Participe aux divers programmes d'artisanat de Bukchon !

POUR L'ITINÉRAIRE !

Centre d'expérience de l'artisanat traditionnel de Bukchon 북촌전통공예체험관
Jongno-gu, Gahoe-dong 11-7
종로구 가회동 11-7

Mar - Oct : TOUS LES JOURS 10 h – 18 h
Nov - Fév 10 h - 17 h (Sauf Seollal & Chuseok)

Tel: 02-741-2148

Bénis un couple qui se marie !

Le village de Bukchon Hanok n'est pas seulement une destination touristique populaire, c'est aussi un lieu très recherché pour les mariages. Si tu as de la chance, tu rencontreras peut-être un couple en train d'échanger ses vœux ! Que dirais-tu de partager un mot sincère de bénédiction pour ce jour spécial ?

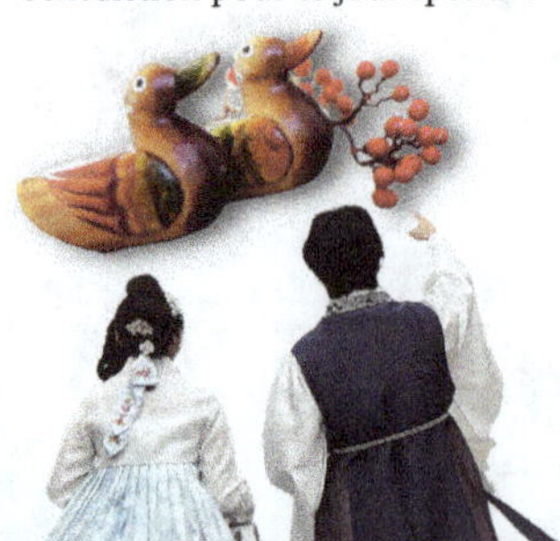

Explore l'art populaire coréen et découvre ton talent artistique !

Consacrée aux peintures folkloriques, la vaste et captivante collection du musée comprend 2 000 reliques de l'illustre dynastie Joseon. Les visiteurs sont chaleureusement accueillis pour participer à diverses expériences de peinture folklorique, du dessin de talismans au coloriage de peintures folkloriques, et même à la création de leurs propres éventails ornés de motifs complexes de peinture folklorique.

Musée Gahoe 가회박물관
Jongno-gu, Bukchon-ro 52
종로구 북촌로 52

Mar - Dim : 10 h - 18 h
gahoemuseum.org

POUR L'ITINÉRAIRE !

hanokmaeul.or.kr   **Mar - Dim : 9 h - 20 h Fermé Lun**

POUR L'ITINÉRAIRE !

Le village Hanok de Namsangol repose au pied de la montagne Namsan, à proximité de Myeongdong. C'est un petit village comprenant cinq maisons Hanok traditionnelles, établi à dessein comme destination touristique, offrant la possibilité d'explorer et de renouer avec la vie de leurs ancêtres. L'un de ses principaux avantages est qu'il permet aux visiteurs de découvrir les intérieurs et de mieux comprendre l'architecture et les coutumes coréennes traditionnelles. Tu peux participer à des programmes culturels, assister à des spectacles et explorer des expositions.

Trouve une maison décorée de lanternes traditionnelles coréennes !

Prends une photo d'une maison ornée de cheongsachorong 청사초롱, une lanterne traditionnelle coréenne. Ces lanternes sont généralement créées en combinant des nuances de soie rouge et bleue et en plaçant une bougie à l'intérieur du corps. Alors qu'elles étaient traditionnellement utilisées lors des cérémonies de mariage, elles sont aujourd'hui couramment mises en valeur dans diverses expositions culturelles à travers la Corée.

Découvre la science derrière le système de chauffage traditionnel, l'Ondol !

Trouve une maison avec un sanctuaire pour les ancêtres !

Dans les maisons coréennes traditionnelles, il était de coutume d'établir des sanctuaires dédiés au respect des ancêtres. Explore une maison dotée d'un tel sanctuaire et vois quelles sont les offrandes déposées sur la table !

Lorsque tu entreras dans la cuisine d'une maison Hanok, tu découvriras comment les Coréens gardaient leur maison au chaud pendant l'hiver. L'agungi 아궁이, une plateforme de chauffage pour le chaudron, utilisait la chaleur résiduelle pour réchauffer le sol des pièces. Ce système de chauffage était connu sous le nom d'ondol 온돌, et c'est quelque chose que tu peux expérimenter au jjimjilbang 찜질방, un spa coréen.

Assiste à une cérémonie de mariage traditionnel !

Lorsqu'un mariage se déroule, tu as la possibilité d'observer la cérémonie de l'extérieur. Il s'agit d'un vrai mariage et non d'une simulation !

De mars à novembre (Sauf juillet et août) Samedi et dimanche 11 h / 13 h / 15 h

Concours de cuisine de rue coréenne

Déguste les plats de rue les plus appréciés de Corée !

Savoure les saveurs authentiques des restaurants de rue coréens et plonge dans l'atmosphère vibrante où les habitants se rassemblent pour savourer leurs plats préférés. Fais l'expérience de la véritable essence de la restauration locale, comme un habitant de la région !

Marché de Gwangjang 광장시장
Jongno-gu, Changgyeonggung-ro 88
종로구 창경궁로 88

POUR L'ITINÉRAIRE !

5 min de marche (296 m) de la station
Jongno-5(o)-ga la sortie n°8 ligne de métro 1

Le marché de Gwangjang est un marché traditionnel animé que les étrangers devraient visiter pour vivre une expérience culturelle passionnante. Tu y trouveras une variété de choses à voir et à goûter, notamment de la délicieuse nourriture de rue coréenne, de beaux textiles et de l'artisanat fait main.

Essaie le trio "Kim Tteok Soon" préféré des locaux !

"Kim Tteok Soon 김떡순" est une abréviation ludique qui représente le trio bien-aimé de la cuisine de rue coréenne : Kimbab 김밥, Tteokbokki 떡볶이, et Soondae 순대. Ces plats sont si populaires parmi les locaux, au point qu'on leur donne un nom comme à une vraie personne !

Kimbap 김밥 : rouleau coréen composé de riz assaisonné, de diverses garnitures telles que des légumes, de la viande et des cornichons.

Tteokbokki 떡볶이 : galettes de riz moelleuses cuites au gochujang (pâte de piment fort et doux), souvent servies avec des galettes de poisson et des légumes.

Soondae 순대 : saucisse coréenne à base de sang de porc, de riz et de divers assaisonnements.

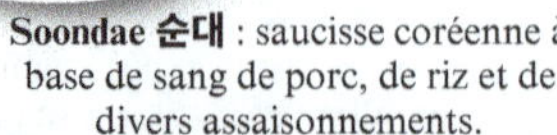

POUR L'ITINÉRAIRE !

Pojangmacha (포장마차), souvent abrégé en "pocha", signifie "chariot couvert". À l'origine, il s'agissait d'un simple restaurant mobile en plein air fonctionnant dans des charrettes à tente. C'était autrefois un choix populaire pour les Coréens à la recherche d'un repas rapide et abordable accompagné d'une bouteille de soju après le travail. Cependant, avec l'émergence d'établissements s'adressant à une clientèle plus jeune, il s'est récemment transformé en un endroit charmant pour les rendez-vous galants. Les pojangmachas apparaissent aussi souvent en toile de fond dans les K-Dramas.

Ouvre une bouteille de soju à la coréenne !

Avant d'ouvrir une bouteille de soju, secoue-la ou fais-la tournoyer rapidement pour créer un petit tourbillon dans la bouteille.

Tape le fond de la bouteille avec ton coude.

Dévisse le bouchon puis frappe le goulot d'un léger coup de taekwondo, ou bien forme un V avec ta main et frappe le goulot entre tes doigts, pour faire jaillir de la bouteille le liquide qui se trouve en surface.

Autrefois, les bouteilles de soju avaient des tire-bouchons qui pouvaient se casser et laisser de petits morceaux à l'intérieur de la bouteille s'ils n'étaient pas conservés correctement. Pour se débarrasser de ces morceaux, les gens commençaient à secouer et à faire tourner la bouteille. Ils frappaient ensuite le fond de la bouteille pour faire remonter les morceaux vers le haut, ce qui permettait de les retirer plus facilement. Même si les bouteilles de soju ont maintenant des bouchons à vis et que le rituel n'a plus de raison d'être, beaucoup le pratiquent encore pour s'amuser.

Prépare-toi un cocktail Somaek !

Le Somaek 소맥 (soju + maekju 맥주 "bière") est le choix numéro un des Coréens qui manquent de temps mais qui veulent profiter des bienfaits de l'alcool en un minimum de temps ! Le rapport 3:7 (soju:bière) est la formule la plus populaire. Essaie-en une (seulement si tu as plus de 19 ans).

Lance-toi le défi d'essayer les petits colins séchés !

Malgré leur apparence peu attrayante, les petits colins séchés, également connus sous le nom de nogari 노가리, sont un accompagnement populaire pour la boisson et offrent de nombreux avantages pour la santé.
(Conseil : ils s'accompagnent bien avec de la bière !).

Myeongdong 명동 Jung-gu Myeongdong 8-gil 52 중구 명동8길 52
Vous trouverez des vendeurs en vous promenant dans les ruelles **Myeongdong la sortie n°5,6,7,8 ligne de métro 4**

Essaie la vaste sélection de friandises de rue de Myeongdong !

Myeongdong est un quartier animé de Séoul (et c'est là que tu peux voir plus d'étrangers que de Coréens). Il offre une grande variété d'options savoureuses de nourriture de rue qui font appel aux préférences de chacun. Que tu apprécies les saveurs locales ou les influences internationales, tu trouveras quelque chose de délicieux à manger. En te promenant, tu rencontreras des odeurs alléchantes et des stands de nourriture, créant ainsi une expérience culinaire passionnante !

1. **Bungeoppang 붕어빵** ("pain de poisson") se compose d'une pâte croustillante et sucrée ressemblant à une gaufre qui est traditionnellement remplie d'une pâte sucrée de haricots rouges. *Ne t'inquiète pas ! Il ne contient pas de poisson à proprement parler.*

2. **Hotteok 호떡** est une friandise sucrée ressemblant à une crêpe, fourrée d'un mélange sucré composé de sucre brun, de cannelle et de noix hachées. La pâte fourrée est aplatie et cuite sur une plaque jusqu'à ce qu'elle devienne croustillante à l'extérieur, tandis que la garniture de sucre fond et devient gluante à l'intérieur.

3. **Hoeori Gamja 회오리 감자** ("pomme de terre tornade") se prépare en prenant une pomme de terre entière et en la faisant tourner en spirale sur une brochette, ce qui crée une forme de spirale longue et continue ressemblant à une tornade. La pomme de terre est ensuite frite jusqu'à ce qu'elle devienne croustillante et dorée.

4. **Eomuk Kkochi 어묵꼬치** ("brochette de gâteau de poisson") sont faites d'un mélange de poisson haché, de farine et de divers assaisonnements. Elles sont particulièrement populaires pendant les froides journées d'hiver en Corée."

Rue Noryangjin Cupbap
노량진 컵밥 거리
Dongjak-gu, Noryangjin-ro 178
동작구 노량진로 178

5 min de marche (314 m) de la station
**Noryangjin la sortie n°8 ligne de métro
1 ou 9**

POUR L'ITINÉRAIRE !

Le Cupbap 컵밥 ("repas dans une tasse") est devenu un choix populaire parmi les étudiants de Gosichon (village d'étudiants préparant les examens de la fonction publique) en raison de son prix abordable. Cependant, au fur et à mesure que la nouvelle s'est répandue sur son côté économique, le grand public a commencé à s'y rendre également, ce qui a donné lieu à une tendance et à l'émergence de rues dédiées au Cupbap. Découvre un délicieux repas dans un gobelet à un prix raisonnable !

Dream High blog.naver.com/oliveras (CC BY-ND 2.0 KR)

Explore une variété de boîtes-repas disponibles dans les dépanneurs !

Avec un nombre croissant de jeunes vivant seuls, les boîtes repas des dépanneurs gagnent en popularité. Ces produits abordables offrent une excellente qualité, ce qui en fait un excellent choix à essayer ! Différentes chaînes offrent différents produits, alors ne t'arrête pas à une seule !

Achats de souvenirs

Les boutiques de souvenirs et les marchés aux puces animés de Séoul offrent une sélection incroyable de souvenirs coréens uniques et traditionnels. De l'artisanat traditionnel aux bibelots modernes, ces boutiques en proposent pour tous les goûts.

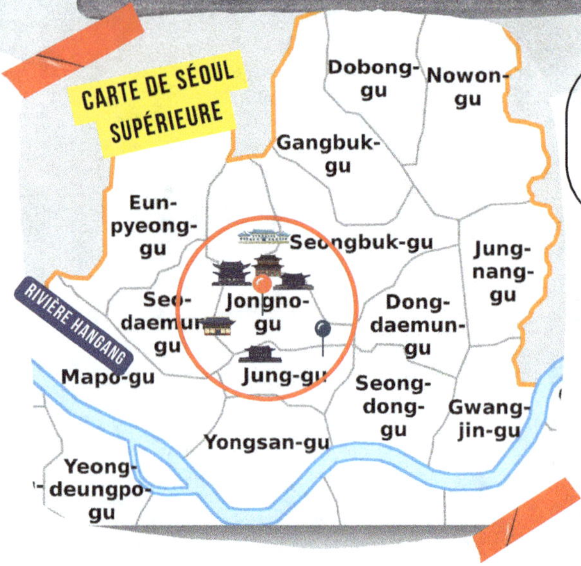

POUR L'ITINÉRAIRE !

Insadong Ssamzi Gil 인사동 쌈지길
Jongno-gu Insadong-gil 44
종로구 인사동길 44

5 min de marche (304 m) de la station
Anguk la sortie n°6 ligne de métro 3

C'est un centre commercial populaire parmi les touristes à la recherche d'artisanat et d'art coréen traditionnel avec une touche de modernité. Ce bâtiment unique de 4 étages en spirale accueille plus de 70 boutiques et galeries. Les visiteurs peuvent explorer une large gamme d'articles aux designs variés qui s'inspirent des éléments traditionnels coréens. La disposition particulière du bâtiment, dont les étages sont reliés entre eux comme une ruelle (d'où le nom "gil", qui signifie "rue" en coréen), crée une atmosphère délicieuse.

4   Mode, articles divers, salons de thé, etc.

3   Magasins de mode, de vêtements et d'accessoires

2   Produits d'art design, nourriture, etc

1   Artisanat traditionnel, nourriture, etc.

B1   Studios d'artisanat, restaurants, etc.

B2   Le jardin de la sorcière

JH blog.naver.com/rei_sunshine (CC BY-ND 2.0 KR)

"

La lettre "ㅆ" est une consonne de l'alphabet coréen et constitue le premier son du mot "Ssamzi" ! C'est pour cette raison qu'elle constitue le logo du bâtiment. En explorant le bâtiment, tu trouveras cette lettre placée au hasard à différents endroits. Combien peux-tu en trouver ?

En empruntant l'escalier situé à gauche de l'entrée principale, tu verras que les murs sont ornés d'une captivante "Galerie de l'escalier". De nombreuses peintures ornent l'espace, t'invitant à faire une pause et à te plonger dans les créations des artistes, le tout gratuitement !

As-tu vu Squid Game ? Si oui, tu connais sans doute le concept ! Cherche un magasin qui vend des bonbons dalgona 달고나 et casse-les habilement dans une forme prédéterminée sans briser le morceau entier !

민트호수 blog.naver.com/snropro (CC BY 2.0 KR)

En te promenant dans les boutiques, tu tomberas sur des Jangseung 장승, qui sont des totems coréens. Traditionnellement, ces structures en bois étaient positionnées à la périphérie des villages pour désigner les limites du village et éloigner les mauvais esprits. Cherche les Jangseungs qui montent la garde dans les magasins, à côté des versions miniatures qui ont été transformées en articles cadeaux !

Rue Insadong 인사동 거리

Les rues qui entourent le bâtiment Ssamzi-gil sont remplies de boutiques d'antiquités / de souvenirs et de maisons de thé.

Découvre la beauté des sourires gravés dans les masques traditionnels !

Tal Bang 탈방
Jongno-gu, Insadong-gil 48
종로구 인사동길 48

**TOUS LES JOURS 11 h - 19 h
FERMÉ DIM**

gahoemuseum.org

Cette boutique unique en son genre est spécialisée dans les masques traditionnels coréens et propose une large gamme de beaux produits, notamment de grands masques pour tes murs et de mignons badges de masques pour rehausser tes tenues. Explore et découvre la beauté et le savoir-faire de ces authentiques masques coréens.

탈마들이 blog.naver.com/sandaemas (CC BY 2.0 KR)

Il s'agit d'une boutique de timbres unique en son genre où les clients peuvent créer leurs propres timbres uniques pour quelqu'un de spécial, et ils peuvent être personnalisés avec différents motifs et phrases. Ils proposent également des produits de calligraphie à la vente.

Saegim Sori 새김소리
Jongno-gu, Insadong-gil 55-1 종로구 인사동길 55-1

LUN - SAM 10 h - 18 h
FERMÉ DIM

POUR L'ITINÉRAIRE !

딸기맘양갱이
blog.naver.com/parkyang1021

추지 blog.naver.com/chu4246

Guem Ok Dang 금옥당
Jongno-gu, Insadong-gil 49
종로구 인사동길 49

LUN - DIM 10 h 30 - 20 h 30

POUR L'ITINÉRAIRE !

Il s'agit d'une boutique spécialisée dans le yanggaeng 양갱 (gelée sucrée de haricots rouges), un dessert/snack dont les Coréens raffolent. Elle est fabriquée en préparant la pâte de haricots rouges directement dans un chaudron avec des haricots rouges domestiques frais. Elle est également populaire en tant que coffret cadeau grâce à son bel emballage.

POUR L'ITINÉRAIRE !

Marché aux puces de Hwanghakdong 황학동 벼룩시장 Jung-gu Majang-ro 5-gil 11-7 중구 마장로5길 11-7 6 min de marche, (392 m) de la station **Sindang la sortie n°11 ligne de métro # 2 ou 6**

TOUS LES JOURS 10 h - 18 h

Le marché est apparu au début des années 1970 lorsque des vendeurs ambulants ont commencé à vendre des articles d'occasion et des antiquités dans le quartier. Au fil du temps, le marché s'est développé et est devenu une plaque tournante pour les collectionneurs d'antiquités et les chasseurs de bonnes affaires. Le marché a gagné en popularité grâce à sa diversité de marchandises, notamment des meubles anciens, des céramiques, des œuvres d'art traditionnelles coréennes, des vêtements vintage et divers autres articles uniques, ce qui lui a valu le surnom de "marché de tout". Les collectionneurs d'antiquités l'apprécient particulièrement car ils peuvent y trouver des objets de valeur à des prix plus bas s'ils ont de la chance.

Les magasins d'antiquités offrent une occasion passionnante d'explorer le passé et de se plonger dans les modes de vie de différents pays. Cherche un objet qui représente un aspect révolu de la société coréenne, quelque chose qui n'est plus pertinent dans la culture coréenne moderne d'aujourd'hui. Qui sait ? Tu seras peut-être celui ou celle qui découvrira un joyau caché au cours de tes recherches !

Il existe de nombreux endroits où tu peux trouver des vêtements de haute qualité à des prix incroyablement bas ! Certains endroits proposent même des vêtements vendus au poids, ce qui signifie que tu paies en fonction du poids des articles que tu choisis. Le rapport qualité-prix que tu peux obtenir dans ces endroits est vraiment imbattable.

40

GANGNAM STYLE
EXPLORE LE QUARTIER LE PLUS BRANCHÉ DE CORÉE !

Plonge dans la culture vibrante de Gangnam, le quartier le plus branché et le plus tendance de Séoul, à travers une variété d'activités et d'expériences amusantes. Qu'il s'agisse d'essayer les dernières tendances de la K-beauty ou de se laisser tenter par la délicieuse cuisine locale, tu auras l'occasion de tout voir et de tout faire.

CARTE DU SUD DE SÉOUL

Gangnam 강남, qui signifie "région au sud de Hangang", est souvent associé au quartier aisé de Séoul composé de trois districts, Gangnam-gu 강남구, Seocho-gu 서초구, et Songpa-gu 송파구 et est connu pour la cherté des maisons et la concentration d'individus fortunés. Gangnam est réputé pour ses boutiques de luxe, ses grands magasins haut de gamme et ses vastes infrastructures. Posséder un appartement à Gangnam est considéré comme un symbole de réussite, bien que les personnes qui y vivent soient parfois dépeintes comme matérialistes dans la culture pop coréenne.

① COEX 코엑스

Gangnam-gu Yeongdong-daero 513 강남구 영동대로 513
Directement relié à **Bongeunsa la sortie n°7 ligne de métro 9**

COEX Convention 10 h – 18 h
Starfield COEX Mall 10 h 30 – 22 h

POUR L'ITINÉRAIRE !

COEX, abréviation de "Convention and Exhibition", est un complexe massif, comprenant un centre de convention et d'exposition, un grand centre commercial souterrain appelé Starfield COEX Mall, trois hôtels de luxe, un cinéma et un Aquarium. Le centre commercial est le plus grand centre commercial souterrain d'Asie et offre tout ce dont tu as besoin pour te divertir et faire du shopping.

Lorsque la chanson "Gangnam Style" est devenue une sensation mondiale en 2012, tout le monde a chanté et dansé sur la ligne entraînante "Oppa Gangnam Style !" tout en faisant la célèbre danse du cheval. Pour célébrer le succès mondial de la K-Pop, une statue représentant le mouvement de danse emblématique, avec les deux mains croisées, a été érigée à l'entrée du Starfield Mall. Vas-y, fais la danse de l'équitation !

La bibliothèque Starfield 별마당도서관, située dans le centre commercial COEX, est une bibliothèque captivante et spacieuse connue pour son impressionnante collection de livres. Elle présente une imposante bibliothèque de 13 mètres de haut dans un atrium de 2 800 mètres carrés, offrant un environnement de lecture et d'étude confortable avec un éclairage ambiant. La bibliothèque s'enorgueillit d'une collection diversifiée d'environ 70 000 livres, couvrant différents genres et langues, ainsi que des chargeurs et des livres électroniques. Elle propose des tables d'étude avec des prises électriques pour l'utilisation d'ordinateurs portables et accueille une série d'événements culturels, notamment des conférences d'auteurs, des lectures de poèmes et des concerts littéraires.

헛똑똑 blog.naver.com/ysc5258 (CC BY 2.0 KR)

2 RODEO STREET 로데오거리

Gangnam-gu Apgujeong-ro 46-gil 30 강남구 압구정로 46길 30
6 min de marche (453 m) de la station **Apgujeong Rodeo la sortie n°5 ligne de métro Suin-Bundang**

POUR L'ITINÉRAIRE !

À l'origine, plaque tournante de la mode et de la rébellion au début des années 90, cet endroit attirait les jeunes visant à défier les normes plus anciennes. Autrefois synonyme de voitures opulentes et de vêtements haut de gamme, il s'est transformé en un symbole des diverses sous-cultures de la jeunesse et des tendances actuelles. Des marques haut de gamme, des salons de soins de la peau, de chirurgie plastique et de coiffure peuplent le quartier. En plus des délices culinaires et des options de divertissement, une gamme d'établissements de restauration et de cafés est disponible.

쵸묵쵸묵 어흥이 blog.naver.com/day265 (CC BY-SA 2.0 KR)

③ GRAND MAGASIN GALLERIA
갤러리아백화점

Gangnam-gu Apgujeong-ro 343 강남구 압구정로 343
Directement relié à **Apgujeong Rodeo la sortie n°7 ligne de métro Suin-Bundang**

POUR L'ITINÉRAIRE !

Découvre la première destination de shopping de Séoul.

Lieu de shopping renommé et haut de gamme, ce grand magasin est célébré pour ses marques exclusives, ses vêtements à la mode et ses sélections de créateurs distinctifs. Les acheteurs profitent d'une expérience somptueuse et immersive. L'aire de restauration présente un éventail de plats délectables à savourer. À la tombée de la nuit, le magasin orne ses murs extérieurs de lumières vibrantes, créant ainsi un spectacle visuel à couper le souffle.

④ GAROSU-GIL
가로수길

Gangnam-gu Apgujeong-ro 126 강남구 압구정로 126
12 min de marche (553 m) **Apgujeong la sortie n°5 ligne de métro 3**

POUR L'ITINÉRAIRE !

Visite le quartier le plus branché de Séoul !

Le nom "avenue bordée d'arbres", vient des 160 ginkgos qui se dressent en ligne droite le long de la rue, et le quartier est devenu l'un des quartiers les plus branchés de Séoul ces derniers temps. C'était autrefois une plaque tournante pour les galeries et les boutiques de créateurs, mais la tendance actuelle se concentre sur diverses boutiques de mode. En outre, tu trouveras de charmants cafés et restaurants à apprécier le long de la rue.

Trouve les arbres qui portent de jolis pulls !

Lorsque tu visiteras le parc en hiver, tu verras quelque chose de mignon - les arbres portent différents pulls pour se réchauffer ! Trouve ton motif préféré et prends une photo !

CENTRAL CITY
센트럴시티

Seocho-gu, Shinbanpo-ro 176 서울 서초구 신반포로 176
Directement relié à **Express Bus Terminal la sortie n°3 ligne de métro 3 / 7 / 9**

Station Famille (Restaurants) 10 h – 22 h / Terminal de bus express 5 h – 1 h
Grand magasin Shinsegae 10 h – 20 h / Megabox (cinéma) 7 h – 3 h

POUR L'ITINÉRAIRE !

Ce méga-complexe offre un large éventail de commodités, notamment l'hôtel JW Marriott, un terminal de bus express, les lignes de métro 3, 7 et 9, le grand magasin Shinsegae, le cinéma Megabox, une librairie et la station Famille avec son éventail de restaurants. Comme c'est l'un des endroits les plus animés de Séoul, il offre de nombreuses activités et attractions. N'oublie pas d'explorer les magasins souterrains pour faire de bonnes affaires et bénéficier de réductions.

Pectus Solentis via Wikimedia Commons (CC BY-SA 2.0)

POUR L'ITINÉRAIRE !

Explore le grand magasin le plus fréquenté de Corée !

Ce grand centre commercial n'est pas seulement grand, avec 11 étages et de nombreux magasins différents, mais il a également été le premier grand centre commercial mondial en termes de ventes en 2021. Cependant, le véritable point fort ici est la nourriture fantastique que tu peux trouver dans l'aire de restauration et le marché souterrain, où tu peux même acheter des produits d'épicerie locaux. Situé près du terminal de bus express, cet endroit est toujours grouillant de monde, te donnant un véritable aperçu de l'atmosphère vibrante et animée de Séoul.

Visite le magnifique jardin sur le toit pour profiter d'une atmosphère rafraîchissante !

Rends-toi au 11ème étage du grand magasin Shinsegae et visite le "S Garden", un jardin sur le toit où tu peux faire une pause paisible entouré de jolies fleurs et d'herbe. C'est comme une petite oasis au milieu de la ville, parfaite pour rafraîchir ton esprit fatigué. Le jardin propose également des expositions différentes tous les quelques mois, il y a donc toujours quelque chose de nouveau à découvrir et à apprécier pendant ta visite.

GOTO MALL 고투몰

Marche vers la **sortie 8-1 / 8-2** à **Express Bus Terminal Station** ligne de métro 3 / 7 / 9

TOUS LES JOURS 10 h - 22 h

POUR L'ITINÉRAIRE !

Goto Mall 고투몰, situé en dessous de la gare routière express de Gangnam, est un vaste centre commercial souterrain en avec une sélection variée de produits, notamment des vêtements, des cosmétiques, des accessoires, de la décoration intérieure, de l'artisanat et des fleurs. Tu peux faire tes achats qu'il pleuve ou qu'il vente, et la connexion au métro du centre commercial permet de se déplacer partout. Le plus intéressant, c'est que tu peux y faire des affaires fantastiques à des prix bien inférieurs à ceux des grands magasins !

POUR L'ITINÉRAIRE !

탁가이버 blog.naver.com/tacgyber (CC BY-SA 2.0 KR)

6 KAKAO FRIENDS 카카오프렌즈

Seocho-gu Gangnam-daero 429 서초구 강남대로 429
2 min de marche (120 m) **Gangnam la sortie n°10 ligne de métro 2**

TOUS LES JOURS 10 h 30 - 22 h

프리한자유 blog.naver.com/ijj0324 (CC BY-SA 2.0 KR)

KakaoTalk est une application de chat populaire que pratiquement tout le monde utilise en Corée, en partie à cause de ses adorables personnages. Cette boutique offre la possibilité d'interagir avec ces adorables personnages et d'acheter des souvenirs. C'est un lieu incontournable pour les amateurs de KakaoTalk, et le café sur le toit de la boutique vaut également la peine d'être exploré pour ses vues impressionnantes.'

POUR L'ITINÉRAIRE !

7 GANGNAM SAMSUNG 강남 삼성

Seocho-gu Gangnam-daero 411 서초구 강남대로 411
1 min de marche (50 m) **Gangnam la sortie n°10 ligne de métro 2**

LUN - SAM 11 h– 21 h / Sun 11 h - 19 h

Découvre les sensations fortes de ce magasin phare récemment lancé. Plonge dans la riche histoire de Samsung et explore les innovations de pointe à travers quatre niveaux captivants. Participe à des jeux interactifs, explore divers produits, immortalise des moments aux "points photo" et détends-toi dans le salon confortable. Profite des stations de recharge de téléphone gratuites, particulièrement utiles pour les voyageurs. Pour une meilleure expérience, commence par le 4e étage et progresse vers le bas.

쭈뉘 blog.naver.com/musicits (CC BY-ND 2.0 KR)

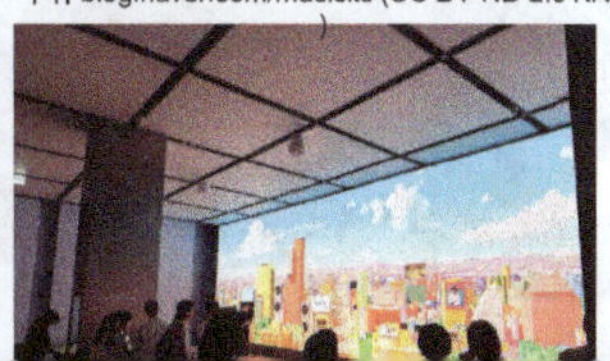

LOTTE WORLD TOWER

Songpa-gu Ollimpik-ro 300 송파구 올림픽로 300
2 min de marche (80 m) de la station **Jamsil la sortie n°2**
ligne de métro 2 & 8 (Il est également possible de s'y rendre directement par un chemin souterrain. Cherchez le panneau **"Seoul Sky Observation Deck"**).

LUN - SAM 11 h - 21 h / dim 11 h - 19 h

POUR L'ITINÉRAIRE !

lwt.co.kr

C'est un gratte-ciel emblématique et un symbole de modernité et d'innovation. S'élevant à une hauteur de 555 mètres (1 821 pieds), c'est l'un des bâtiments les plus hauts du monde. Ce chef-d'œuvre architectural abrite un mélange d'espaces commerciaux, résidentiels et de divertissement. Il offre un mélange captivant de luxe, de shopping, de restauration et d'expériences culturelles, ce qui en fait une destination incontournable pour les habitants et les touristes.

Sois la personne la plus haute de Corée au Sky Observatory Deck !

Le Sky Observatory Deck de la Lotte World Tower est une attraction fascinante qui présente de nombreux avantages. Il offre une vue imprenable sur les monuments de Séoul et sur Hangang. Le SkyWalk à fond de verre offre des sensations fortes et complète la prouesse architecturale de la tour. Au milieu des écrans multimédias, les visiteurs peuvent saisir le mélange de tradition et de modernité de Séoul. La nuit, le paysage urbain se transforme de façon captivante. Le pont offre la possibilité de vivre des moments précieux et de s'engager profondément dans la vitalité de Séoul.

seoulsky.lotteworld.com

Promène-toi le long du lac Seokchon !

Cet endroit charmant comprend deux lacs artificiels, Seo-ho (lac ouest) et Dong-ho (lac est). Seo-ho abrite l'enchanteresse "île magique" de Lotte World, tandis que Dong-ho offre des sentiers de randonnée et des pistes de jogging pittoresques le long de ses rives. En 2014, il a accueilli la célèbre sculpture "Rubber Duck" de Florentijn Hofman. Idéalement situé à proximité du complexe Lotte, ce parc paisible permet de s'évader en toute sérénité. Il est particulièrement chéri pour ses cerisiers en fleurs en avril et en mai.

PARC OLYMPIQUE
올림픽공원

Songpa-gu Ollimpik-ro 424 송파구 올림픽로 424
Mongchontoseong la sortie n°1 ligne de métro 8

POUR
L'ITINÉRAIRE !

Silas Low Wikimedia Commons (CC BY-SA 4.0)

Initialement construit pour les Jeux olympiques de Séoul de 1988, ce vaste parc de 408 acres symbolise l'avancée moderne de la Corée. Il englobe des arènes sportives, des bois et des pelouses ouvertes. Le parc est divisé en sections pour les sports récréatifs, les activités culturelles, les zones écologiques et les rencontres historiques. Compte tenu de sa taille, plus de trois heures peuvent être nécessaires pour l'explorer complètement, il est donc judicieux de consulter le plan du parc à l'avance !

Trouve ton drapeau national sur la place des drapeaux !

Le Parc olympique de Séoul comprend la Place des drapeaux, où sont exposés les drapeaux des 200 pays qui ont participé aux Jeux olympiques d'été de Séoul en 1988. Trouve le drapeau de ton pays et prends une photo !

Visite les Maquettes d'artistes de renommée mondiale !

La sculpture du doigt est une œuvre d'art en bronze créée par César Baldaccini, un sculpteur français de renom, pour commémorer la candidature de Séoul aux Jeux olympiques. Baldaccini a réalisé cette sculpture en 1988. Il s'agit de la seule collection au monde de sept grandes sculptures de pouce, symbolisant le pouvoir de l'unité et de l'accomplissement.

La sculpture "Sphère virtuelle", située à Rose Square, est une œuvre monumentale créée par le peintre et sculpteur vénézuélien Soto en l'honneur de la Corée, pays hôte des Jeux olympiques de 1988. Elle prend la forme d'un objet rond composé de tubes d'aluminium rouges et bleus, arborant le motif taegeuk 태극 que l'on retrouve dans le drapeau coréen. Sa beauté exquise peut être appréciée sous tous les angles, ressemblant à des vagues.

이형영 blog.naver.com/robot179 (CC BY-SA 2.0 KR)

K-POP ADVENTURE

Un voyage dans la scène musicale pop coréenne !

Pars à la découverte de la scène musicale coréenne, où tu pourras observer de près l'industrie qui a pris le monde d'assaut. Visite des entreprises de divertissement K-Pop, suis les traces des stars de la K-Pop, prends des photos avec les statues emblématiques de l'ours de la K-Pop, et apprends même quelques mouvements de danse pour découvrir ce que c'est que d'être une idole de la K-Pop !

POUR L'ITINÉRAIRE !

Embarque pour un pèlerinage vers les 4 géants du divertissement K-Pop !

1 **YG Entertainment** Mapo-gu, Hapjeong-dong 397-6 마포구 합정동 397-6
10 min de marche (510 m) de la station **Hapjeong la sortie n°8 ligne de métro 2 & 6**

Connue pour ses célèbres artistes et groupes tels que BIGBANG, BLACKPINK et Winner, YG a dévoilé son immeuble de bureaux récemment achevé en 2020. L'établissement spacieux possède des caractéristiques impressionnantes, notamment sept grandes salles de répétition de danse, sept studios d'enregistrement et 30 studios de musique pour les compositeurs et les artistes exclusifs. Bien que **l'entrée après le portail de sécurité soit restreinte**, le design futuriste du bâtiment en dit long sur la créativité artistique nourrie entre ses murs !

POUR L'ITINÉRAIRE !

the SameE 더세임카페 Mapo-gu, Hapjeong-dong 398- 마포구 합정동 398-21

TOUS LES JOURS 10 h - 21 h

또쪄미 blog.naver.com/dlthwjd1224 (CC BY-ND 2.0 KR)

En face du siège social récemment construit par YG, tu trouveras un café dynamique appelé "the SameE". Le premier et le deuxième étage sont consacrés à des espaces de cafés confortables, tandis que le niveau du sous-sol, B1, abrite des boutiques de marchandises proposant les produits des artistes de YG. Comme délicieux bonus, il y a une chance que tu puisses apercevoir les artistes de YG en train de visiter le bâtiment du siège social si la chance est de ton côté !

2 **HYBE 하이브** Yongsan-gu, Hangang-daero 42 용산구 한강대로 42
10 min de marche (530 m) de la station **Sinyongsan la sortie n°2 ligne de métro 4**

POUR L'ITINÉRAIRE !

Le nouveau siège de HYBE est un centre captivant pour la production musicale et la création de contenu, servant d'espace central pour les fans d'artistes comme BTS, TXT, NewJeans et ENHYPEN. Alors que leur précédente installation auxiliaire "HYBE Insight" proposant des expositions et des marchandises a pris fin, HYBE accueille maintenant des événements pop-up à divers endroits, offrant aux fans des expériences uniques liées à leurs artistes et à leur musique. Reste à l'écoute des annonces de HYBE pour connaître les prochains événements pop-up et les lieux où ils se dérouleront. **L'entrée après le portail de sécurité soit restreinte.**

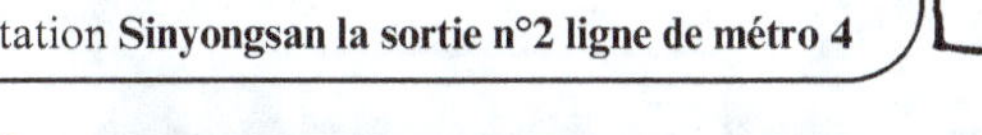

수정다운 blog.naver.com/s99275 (CC BY-ND 2.0 KR)

3 **SM Entertainment** Seongdong-gu, Wangshimni-ro 83-21 성동구 왕십리로 83-21
3 min de marche (58 m) de la station **Seoul Forest la sortie n°5 ligne de métro Suinbundang**

POUR L'ITINÉRAIRE !

Le nouveau siège social de SM Entertainment est idéalement situé près du parc forestier de Séoul. Si la chance te sourit, tu auras peut-être l'occasion de rencontrer des célébrités populaires de SM telles que BoA, Super Junior, Red Velvet, et Aespa. Même si tu n'aperçois aucune célébrité, le quartier reste un endroit charmant pour se promener, prendre des photos mémorables et éventuellement entrer en contact avec d'autres amateurs de K-Pop qui partagent la même passion. **L'entrée après le portail de sécurité soit restreinte.**

KWANGYA Seoul 광야 서울 (B1F du bâtiment SM Entertainment)

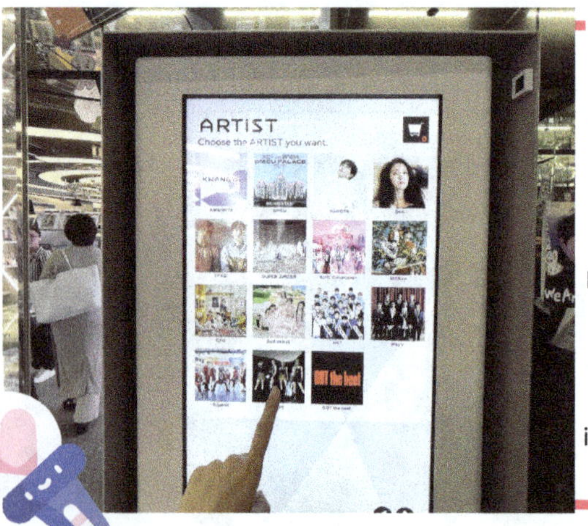

KWANGYA est un établissement unique exploité par SM Entertainment, qui propose non seulement des albums et des marchandises de leurs artistes, mais aussi une connexion au métavers. Dans l'espace d'exposition, le balayage d'un code QR donne accès à des guides, ce qui améliore l'expérience du visiteur. De plus, une zone utilisant des LED transparentes crée une ambiance tridimensionnelle captivante, simulant une salle de concert avec une gamme d'images vivantes. Avec sa conception méticuleuse et ses caractéristiques immersives, c'est une destination incontournable pour les fans internationaux de K-Pop.

1 Million Dance Studio 원밀리언 댄스 스튜디오
Seongdong-gu, Seongsu-dong 2-ga 322-2 성동구 성수동2가 322-2

Le studio de danse 1MILLION accueille des élèves de tous les milieux et de tous les âges, quelle que soit leur expérience. Leur établissement abrite deux studios entièrement équipés, et le personnel est bilingue en anglais et en coréen. Ici, tu as la possibilité d'explorer ton potentiel créatif et de maîtriser certains des mouvements de danse emblématiques de la K-Pop. Pour réserver un cours en personne, il suffit de visiter leur site Web

④ JYP Entertainment Gangdong-gu, Gangdong-daero 205 강동구 강동대로 205
15 min de marche (1 km) de la station **Dunchon Oryun la sortie n°1 ligne de métro 9**

En 2018, JYP Entertainment a déménagé de son précédent immeuble de bureaux situé à Cheongdam-dong pour s'installer dans un nouveau siège près du Parc olympique. Le nouveau siège offre diverses commodités, notamment des salles de répétition, des studios d'enregistrement et une cafétéria bio, ce qui impressionne les fans de K-Pop et souligne l'engagement de JYP Entertainment à fournir des installations de qualité supérieure à ses artistes et à son personnel.
L'entrée après le portail de sécurité soit restreinte.

Suis les traces de tes stars K-Pop préférées !

⑤ K-Pop Square Media Gangnam-gu Yeongdong-daero 513 강남구 영동대로 513
Immédiatement après **la sortie n°6 ligne de métro 2**

Fais l'expérience du spectacle impressionnant d'un lieu orné d'un écran massif, quatre fois plus grand qu'un terrain de basket, diffusant un éventail de vidéos captivantes. Cet espace remarquable présente non seulement des publicités dynamiques en trois dimensions, mais aussi des clips musicaux d'idoles K-Pop bien-aimées. Tu peux prendre des photos mémorables, tout en anticipant avec impatience l'apparition de leurs artistes préférés à l'écran. C'est un cadre immersif qui mélange harmonieusement l'art médiatique, le divertissement et une atmosphère invitante dont tout le monde peut profiter.

⑥ K-Star Road 케이스타로드
Gangnam-gu, Apgujeong-ro 507-gil ⟷ Gangnam-gu, Dosan-daero 101-gil 6
강남구 압구정로 507길 ⟷ 강남구 도산대로 101길 6
18 min de marche (1.2 km) de la station **Apgujeong Rodeo la sortie n°2 ligne de métro Suinbundang**

똥빼미
blog.naver.com/dhraldls
(CC BY-ND 2.0 KR)

Gangnam, connu pour le "Gangnam Style" de Psy, est le lieu d'origine de la culture K-Pop. C'est un quartier branché de Corée, qui abrite plus de la moitié des agences de divertissement du pays et où sont nées de nombreuses stars de la K-Pop. Tu trouveras ici K-Star Road, une rue créée pour célébrer cette culture. Elle comporte 18 statues en forme d'ours appelées Gangnam Dols, représentant des stars populaires de la K-Pop.

소셜원헤드헌터김윤팔
blog.naver.com/hnet23
(CC BY2.0 KR)

GANGNAMDOL	2PM	MISSA	BTS	GIRLS GENERATION	INFINITE
4MINUTE	FT ISLAND	CNBLUE	EXO	B1A4	KARA
SUPER JUNIOR	SHINee	TVXQ	AOA	VIXX	BLOCK B

7 **Star Avenue Myeongdong 스타에비뉴 명동본점** Jung-gu, Eulji-ro 30, Lotte Department Store 1F
Entre la station Euljiro 1-ga la sortie n°7, 8 linge de métro 2 et Lotte Hotel
중구 을지로 30 롯데백화점 명동본점 1층 (롯데백화점 / 롯데호텔 사이)

TOUS LES JOURS 9 h - 18 h 30

POUR L'ITINÉRAIRE !

Dans cet espace récemment rénové, tu pourras rencontrer les stars de la K-Pop recréées numériquement. Traverse Star Track, un tunnel médiatique à grande échelle, Star Mirror Zone, une zone de miroirs pour prendre des selfies avec tes célébrités préférées, et Hi-Five Zone, qui présente des impressions à la main de stars populaires de la K-POP !

POUR L'ITINÉRAIRE !

MUSIC ART 뮤직아트
Jung-gu, Namdaemun-ro 67, B1 중구 남대문로 67 지하1층

TOUS LES JOURS 10 h 30 - 20 h

C'est la destination ultime pour les articles de K-Pop, avec des expositions à petite échelle et divers événements comme des pop-up stores et des spectacles en direct. La boutique propose également des articles exclusifs tels que des livres de photos sur les coulisses des clips musicaux. C'est un endroit à visiter absolument pour les fans de K-Pop qui peuvent ainsi se rapprocher de leurs artistes préférés et découvrir des produits uniques liés à leur musique.

TRAGÉDIES ET TRIOMPHES

EXPLORER L'HISTOIRE DE LA CORÉE À TRAVERS LES MUSÉES

Découvre les réalisations étonnantes du passé et apprends l'histoire moderne de la Corée et les luttes auxquelles la nation a dû faire face. Tu découvriras à la fois des histoires tragiques et des récits de victoire qui te laisseront inspiré et connecté à l'esprit du peuple coréen. Embarque dans ce voyage inoubliable et célèbre l'éclat du passé tout en te tournant vers l'avenir.

Apprends l'histoire de la Corée divisée pour comprendre toute l'histoire !

1 **Cimetière national 국립 서울 현충원** Dongjak-gu Hyeonchung-ro 210 동작구 현충로 210
1 min de marche (62 m) de la **Dongjak la sortie n°8 ligne de métro 4 & 9**

Ce site abrite les dépouilles de plus de 54 000 patriotes martyrs, dont des soldats, des policiers, des citoyens méritants et des personnalités du gouvernement provisoire. Il commémore également les 104 000 soldats morts pendant la guerre de Corée, dont beaucoup de corps n'ont toujours pas été retrouvés. Cependant, environ 7 000 restes de soldats inconnus ont été découverts. Chaque année, le 6 juin, jour du souvenir, le cimetière organise des services commémoratifs et des événements en l'honneur de ces personnes courageuses. Le cimetière bien entretenu offre un paysage à couper le souffle et sert à la fois de destination historique instructive et d'endroit charmant pour une promenade tranquille - un rappel poignant que la liberté a un prix.

POUR L'ITINÉRAIRE !

En te promenant dans le cimetière, tu tomberas sur une section spéciale dédiée aux soldats inconnus, ces âmes courageuses dont les corps n'ont jamais été retrouvés ou sont restés non identifiés. Arrête-toi pour un moment de révérence et rends hommage à l'esprit inébranlable de ces patriotes qui ont sacrifié leur vie pour leur pays de façon désintéressée.

② **Mémorial de la guerre 전쟁기념관** Yongsan-gu, Itaewon-ro 29 용산구 이태원로 29
4 min de marche (262 m) de la station **Samgakji la sortie n°12 ligne de métro 4 & 6**

TOUS LES JOURS 9 h 30 - 18 h Fermé le lundi (si un jour férié tombe un lundi, il est fermé le jour suivant)

POUR L'ITINÉRAIRE !

Le musée du mémorial de la guerre a été construit en 1994 par la War Memorial Service Korea Society pour honorer les héros qui ont sacrifié leur vie pendant la guerre de Corée. Ce musée est vaste et contient plus de 33 000 artefacts, dont environ 10 000 sont exposés dans cinq salles intérieures et extérieures. Les expositions du musée montrent la partie la plus tragique et la plus importante de l'histoire coréenne, mais elles sont aussi stupéfiantes et bien pensées. Tu seras étonné de voir comment la Corée s'est transformée pendant cette période. C'est un endroit à visiter absolument !

www.warmemo.or.kr

Lorsque tu te trouves dans le mémorial, tu remarques qu'il va au-delà du souvenir des guerres modernes en Corée. Parmi les objets exposés se trouve une maquette méticuleusement réalisée du geobukseon 거북선, le légendaire "bateau-tortue". Ce navire impressionnant, inventé par l'amiral Yi Sun-sin pendant la dynastie Joseon, a joué un rôle essentiel dans la défaite de la marine japonaise pendant la guerre d'Imjin, à la fin du XVIe siècle. Prends un moment pour examiner de près ce navire innovant et imagine ce que cela a dû être de se battre à bord d'un navire aussi mythique et redoutable !

3 **Musée national de Corée 국립중앙박물관** Yongsan-gu, Seobinggo-ro 137 용산구 서빙고로 137
3 min de marche (308 m) de la station **Ichon la sortie n°2 ligne de métro 4**
Lun/mar/jeu/ven/dim - 10 h - 18 h (Dernière admission 17 h 30) Mer/sam - 10 h - 21 h (Dernière admission 20 h 30)

POUR
L'ITINÉRAIRE !

Le Musée national de Corée est un trésor bien-aimé qui renferme l'essence de l'histoire et de la culture coréennes. Il possède une impressionnante collection de 420 000 objets couvrant des milliers d'années, des anciennes haches à main aux couronnes d'or colorées, en passant par les poteries céladon, les peintures historiques et les photographies modernes. Le musée propose également des vidéos réalistes et des expériences de réalité virtuelle pour rendre la visite encore plus passionnante.

www.museum.go.kr

Offre aux enfants une expérience unique de réalité virtuelle !

Pour ceux qui ont des enfants, un incontournable du musée est la galerie numérique immersive 2. Pour profiter de cette expérience de réalité virtuelle, tu devras faire une réservation à l'avance. Les séances de RV ont lieu 12 fois par jour (16 fois les mercredis et samedis), chaque séance durant 30 minutes, de 10 h 30 à 17 h. En raison de la forte demande, les réservations se remplissent rapidement, en particulier pendant les périodes de vacances. Si tu prévois de visiter, n'oublie pas de consulter la page de réservation pour connaître les dates et les heures disponibles. Parfois, il peut y avoir 1 à 3 sièges vides, ce qui donne une chance aux réservations de dernière minute.

Trouve un trésor favori de chacune des différentes dynasties et royaumes !

La Corée a connu plusieurs dynasties au cours de son histoire. Promène-toi dans le musée et choisis ton objet préféré de chaque des différentes dynasties et royaumes. Compare avec ce que tes amis ont choisi !

4 — **Hall d'histoire de la prison de Seodaemun 서대문 형무소** Seodaemun-gu, Tongil-ro 251 서대문구 통일로 251 — 6 min de marche (250 m) de la station **Dongnimmin la sortie n°5 ligne de métro 3**

TOUS LES JOURS Mar - Oct 9 h 30 - 18 h Nov - Fév 9 h 30 - 17 h Fermé le lundi
(si un jour férié tombe un lundi, il est fermé le jour suivant.)

POUR L'ITINÉRAIRE !

www.sscmc.or.kr

Érigée pendant les dernières années de l'Empire coréen sous l'influence de l'Empire japonais, elle témoigne des années d'épreuves endurées et d'angoisse nationale de l'histoire moderne et contemporaine de la Corée. Remarquablement, il sert de symbole poignant du mouvement d'indépendance antijaponais, reflétant l'esprit indomptable de ceux qui ont lutté contre l'oppression japonaise. Conservant sa forme originale, il renferme les souvenirs d'innombrables patriotes qui ont courageusement résisté à l'agression japonaise. La visite de ce site historique permet de rendre hommage aux sacrifices consentis par ces patriotes coréens et d'être inspiré pour marcher dans leurs pas.

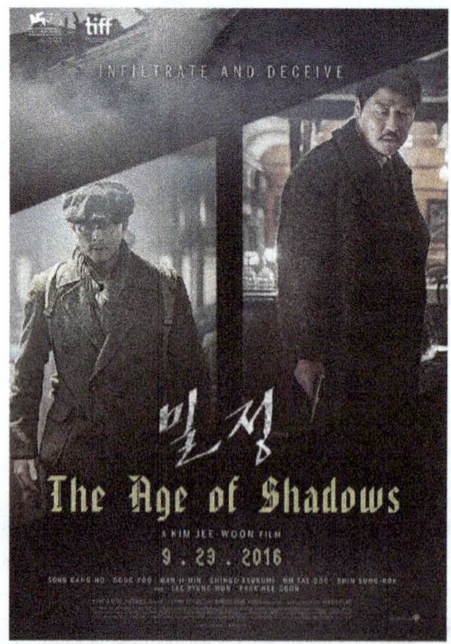

Regarde ces films avant de te rendre en Corée pour en comprendre tous les tenants et aboutissants !

Avant de visiter le site, il est fortement recommandé de regarder plusieurs excellents films/séries télévisées qui décrivent de façon saisissante l'occupation japonaise de la Corée et le mouvement d'indépendance coréen. Ces films offrent un contexte et un aperçu précieux de l'importance historique du site. En voici quelques-uns qui ont été très appréciés :

"The Age of Shadows" (2016)
"Assassination" (2015)
"Mr. Sunshine" (2018)

Trouver la paix à Séoul

Un voyage spirituel pour calmer l'esprit et le corps

Plonge au cœur de la tapisserie spirituelle de la Corée en visitant des temples bouddhistes vénérés, des églises historiques et des mosquées grandioses. Immerge-toi dans des paysages tranquilles, embrasse des réflexions profondes et trouve la paix intérieure au milieu de la diversité culturelle.

1 Temple de Jogyesa 조계사 Jongno-gu Ujeongguk-ro 55 종로구 우정국로 55 7 min de marche (508 m) de la station **Jonggak la sortie n°2 ligne de métro 1**

POUR L'ITINÉRAIRE

Explore la sérénité d'un temple bouddhiste !

Le temple Jogyesa, cœur du bouddhisme coréen, tire son nom de la montagne Jogyesan, où résidait autrefois le maître Hyeneung. Un trésor culturel, le Bouddha assis, orne le terrain du temple. Les visiteurs sont chaleureusement accueillis 24 heures sur 24 et 7 jours sur 7 dans le hall principal. Au printemps, assiste au spectacle envoûtant des innombrables lanternes de lotus qui illuminent le temple, créant un spectacle enchanteur à ne pas manquer, de jour comme de nuit.

Assiste à l'enchanteresse parade des lanternes ! ☐

Ne manque pas le vibrant festival des lanternes près du temple Jogyesa et des rues Jongno, qui célèbre l'anniversaire de Bouddha (le 4 avril, la date change chaque année car elle est basée sur le calendrier lunaire). Un spectacle délicieux pour les habitants et les touristes étrangers, le festival propose divers événements et défilés avec des lanternes colorées qui ornent la ville. Plus de 100 000 lanternes illuminent les rues principales de la capitale, avec pour point d'orgue le final de la Lotus Lantern Parade à Jogyesa. Plonge dans l'esprit festif en célébrant l'anniversaire de Bouddha au festival des lanternes de lotus dans le quartier d'Insadong, complété par une visite de ce temple vénéré.

---

② **Sanctuaire royal de Jongmyo 종묘** Jongno-gu Hunjeong-dong 1 종로구 훈정동 1
3 min de marche (299 m) de la station **Jongno 3(sam)-ga la sortie n°11 ligne de métro 1 & 3 & 5**
***Les horaires changent en fonction de la saison. Vérifie la page d'accueil avant de te rendre sur place.**

ROYAL PALACE PASS

Découvre l'héritage vénéré du patrimoine et des rituels coréens. ☐

C'est un digne sanctuaire confucéen, dédié aux rois, aux reines et aux descendants de la dynastie Joseon. Entouré par la nature, il comporte des salles et des annexes de préparation rituelle. La simplicité et le décor sobre du sanctuaire créent une atmosphère solennelle pour honorer les esprits ancestraux. Les rituels ont une grande importance culturelle, reconnus par l'UNESCO comme "chefs-d'œuvre du patrimoine oral et immatériel de l'humanité" depuis 2001 et inscrits au patrimoine culturel immatériel de l'humanité depuis 2008.

POUR L'ITINÉRAIRE !

Fais une visite guidée pour en savoir plus ! ☐

Le sanctuaire propose des visites guidées en coréen, anglais, japonais et chinois les jours de semaine, d'une durée d'environ une heure chacune. Les visites guidées en langues étrangères sont exclusivement proposées aux étrangers et aux Coréens qui les accompagnent. Consulte la page d'accueil pour plus de détails.

Cathédrale catholique de Myeongdong 명동 성당 Jung-gu, Myeongdong-gil 74 중구 명동길 74
9 min de marche (427 m) de la station **Myeongdong la sortie n°10 ligne de métro 4**

Visite le berceau coréen du catholicisme romain.

Le lieu de naissance de la communauté de l'Église catholique romaine en Corée, offre une occasion unique de se plonger dans la riche histoire religieuse et architecturale du pays. L'impressionnant bâtiment principal de 23 m de haut et le clocher de 45 m, construits avec une variété de briques rouges et grises cuites localement, mettent en valeur le mélange des influences architecturales coréennes et occidentales. L'association de l'église avec l'empereur Gojong et le soutien financier de la Société des Missions étrangères de Paris ajoutent à son importance culturelle, ce qui en fait une destination incontournable pour les passionnés d'histoire et les amateurs d'architecture.

Assiste à une messe en anglais le dimanche !

mdsd.or.kr

Que tu sois catholique ou non, assister à une messe dans cette église historique offre une expérience unique. Une messe en anglais est proposée tous les dimanches à 9 heures.

Mosquée centrale de Séoul 이슬람교 서울 중앙성원 Yongsan-gu, Usadan-ro 10-gil 39 용산구 우사단로 10길 39
10 min de marche (477 m) de la station **Itaewon la sortie n°10 ligne de métro 4**

koreaislam.org

Visite le lieu de naissance de l'islam en Corée !

La mosquée a été créée dans le double but de servir de lieu de culte pour les musulmans de Corée et de centre éducatif pour promouvoir la compréhension de l'islam et des cultures islamiques auprès du grand public. À l'intérieur de la mosquée, tu trouveras le bureau de la Fédération musulmane de Corée et une salle de réunion au premier étage. Le musalla (salle de prière) des hommes est situé au deuxième étage, tandis que le musalla (salle de prière) des femmes se trouve au troisième étage. Les fidèles comme les visiteurs sont les bienvenus dans la mosquée.

Découvre les délices halal autour de la mosquée !

Autour de la mosquée, il y a des restaurants qui proposent de la cuisine de différents pays islamiques. Tu peux te laisser tenter par de délicieux plats halal tels que les kebabs, le shawarma et les loukoums, ce qui te donne l'impression de voyager dans différentes nations tout en restant dans le même pays !

Sanctuaire des martyrs de Jeoldusan 절두산 성지 Mapo-gu, Tojeong-ro 6 마포구 토정로 6

7 min de marche (482 m) de la station **Hapjeong la sortie n°7 ligne de métro 2 & 6**

TOUS LES JOURS 9 h 30 - 17 h Fermé le lundi

Explore le site du martyre et de la foi !

jeoldusan.or.kr

Connu sous le nom de Montagne de la Décapitation, ce site a été le témoin d'une poursuite tragique en 1866, où jusqu'à 2 000 catholiques coréens ont perdu la vie, dont 27 ont été faits saints. Le musée situé à côté de la chapelle présente certains des équipements de torture de l'époque. Visité par le pape Jean-Paul II en 1984 et par Mère Teresa en 1985, ce lieu reste une source d'inspiration pour tous. Le dimanche est le meilleur moment pour visiter, car de nombreux rassemblements de prière ont lieu sur le terrain.

POUR L'ITINÉRAIRE !

Michael Gallagher
flickr.com/michaelgallagher
(CC BY-SA 2.0)

Dépose une bougie de prière et fais un vœu !

Le sanctuaire comporte une section dédiée à l'offrande de bougies de prière. Allume une bougie et fais un vœu sincère pour tes proches.

6

Temple de Bongeunsa 봉은사 Gangnam-gu Bongeunsa-ro 531 서울 강남구 봉은사로 531

1 min de marche (135 m) de la station **Bongeunsa la sortie n°1 ligne de métro 9**

TOUS LES JOURS 5 a.m. - 10 p.m.

Ressens la tranquillité intemporelle au milieu des gratte-ciel !

Ce temple vieux de 1 200 ans a été construit en 794 pendant le royaume de Silla. Bien qu'il ait survécu à la suppression du bouddhisme par la dynastie Joseon, il est devenu par la suite le temple principal de la secte coréenne Seon (Zen) de 1551 à 1936. Au milieu des gratte-ciel modernes, ce temple tranquille offre un contraste vraiment inspirant en Corée.

Explore la culture bouddhiste ancienne !

POUR L'ITINÉRAIRE !

bongeunsa.org

Il y a une variété d'activités qui t'attendent au temple, y compris le "Programme de séjour au temple" de 2 jours qui offre une expérience immersive de moine. Tu pourras profiter des visites guidées du temple, de la fabrication de lanternes de lotus, de la méditation, du Dado (cérémonie du thé), de la fabrication d'un mandala de sel, de la copie du Sutra, des 108 prosternations et des conversations avec les moines, toutes ces activités se déroulant en anglais. Pour obtenir les informations les plus récentes, visite la page d'accueil.

SÉOUL ADVENTURES

Activités familiales et romantiques pour tout le monde

Que tu sois une famille cherchant à renforcer ses liens ou un couple à la recherche de moments romantiques, Séoul regorge de sensations fortes et d'expériences inoubliables pour tout le monde. La ville promet un délicieux mélange d'aventures familiales et intimes qui créeront à coup sûr des souvenirs précieux à conserver précieusement.

1 **Namsan Seoul Tower 남산 서울타워** Jung-gu, Sopa-ro 83 서울 중구 소파로 83
13 min de marche (508 m) de la station **Myeongdong la sortie n°3 ligne de métro 4**
TOUS LES JOURS 10 h - 11 h

POUR L'ITINÉRAIRE !

Visite "l'île romantique" de Séoul !

Dressée au sommet (236,7 m) de la montagne Namsan (262 m), cette magnifique tour a mérité le titre "d'île romantique" de Séoul, au cœur de la ville. Réputée pour son allure éternelle, elle offre une vue panoramique époustouflante sur Séoul. Symbole de la ville elle-même, cette tour détient le titre prestigieux de première attraction touristique choisie par les étrangers et est vénérée comme un "lieu sacré" pour les couples, qui viennent se prélasser dans l'aura de l'amour éternel.

Visite les deuxièmes toilettes les plus hautes de Séoul !

Ne manque pas l'occasion de visiter les deuxièmes toilettes les plus hautes de Séoul, situées au deuxième étage de l'observatoire !
La plus haute se trouve dans la tour Lotte World.

Sous l'entrée de la tour, une tradition réconfortante attend les visiteurs, les invitant à exprimer leur amour en attachant un cadenas à un arbre ou à une clôture. Que tu choisisses d'apporter ton propre cadenas ou d'en trouver un dans un magasin voisin, ce geste touchant permet aux couples de symboliser leur affection d'une manière qui leur est chère. Même pour ceux qui n'ont pas de partenaire romantique, l'arbre à cadenas d'amour offre une chance de réfléchir à l'amour partagé en famille !

Institut de recherche et d'information sur l'éducation de Séoul 서울특별시교육청 교육연구정보원
Jung-gu, Sopa-ro 46 중구 소파로 46

Un autre itinéraire pour atteindre la tour Namsan consiste à emprunter les escaliers situés près du centre d'information sur la recherche en éducation de Séoul. Monte le grand escalier, célèbre pour avoir servi de lieu de tournage dans "Mon nom est Kim Sam-soon", et suis le chemin pour gravir la montagne Namsan en direction de la tour N. Pour rendre hommage aux personnages de la série, tu peux essayer le jeu de pierre-papier-ciseaux pour déterminer ton destin comme ils l'ont fait !

POUR L'ITINÉRAIRE !

컬러램프지니
blog.naver.com/khjw0515
(CC BY-SA-KR 2.0)

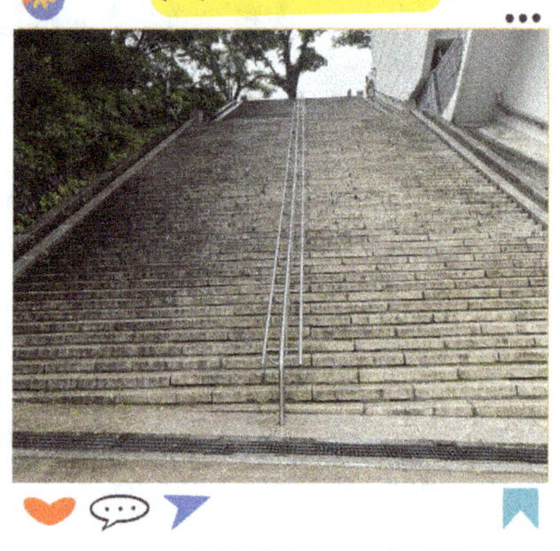

2   **Itaewon World Food Street 이태원 세계음식거리**
Remontez l'allée à côté de l'hôtel Hamilton et vous trouverez des deux côtés des rues bordées de restaurants et de bars. **Itaewon la sortie n°1 or #4 ligne de métro 6.**

POUR L'ITINÉRAIRE !

Itaewon est l'endroit le plus diversifié de Corée, un quartier global où des gens du monde entier vivent ensemble. Ce quartier distinct, qui mélange différentes cultures, est chéri non seulement par les touristes étrangers, mais aussi par les Coréens désireux de découvrir la culture internationale au sein de la Corée. Itaewon, avec ses cultures diurnes et nocturnes contrastées, offre une atmosphère unique qui ne ressemble à aucun autre endroit de Séoul !

Itaewon World Food Street présente une gamme de cuisines internationales, parfois adaptées aux préférences coréennes, ce qui te permet d'apprécier des saveurs encore plus uniques. Au lieu de choisir un endroit, promène-toi dans les allées pour faire des découvertes inattendues et avoir des surprises.

À Itaewon, la nuit l'emporte sur le jour, attirant ceux qui recherchent les plaisirs de la jeunesse. Au milieu de cette scène animée, se faire de nouveaux amis dans des bars au thème créatif est particulièrement excitant. Profite des bars distincts et divertissants d'Itaewon !

Échappe à la chaleur et profite de la vue remarquable d'Itaewon depuis la piscine du 5e étage. Les habitants et les touristes affluent ici pour observer les gens, s'amuser à la piscine et participer à la vie sociale. Nager, faire la fête et boire sont des activités très prisées, que ce soit dans la piscine ou au bar de l'hôtel Hamilton. Vas-y pour bronzer, nager, écouter la musique de la cabine du DJ, manger des hamburgers et boire des boissons rafraîchissantes.

En te promenant, tu rencontreras des vendeurs ambulants qui proposent des souvenirs coréens amusants comme des casquettes de baseball et des T-shirts - parfaits comme souvenirs ludiques pour tes amis restés au pays !

Promène-toi dans le jardin au-dessus de la ville ! ☐

Seoullo7017, également connu sous le nom de Seoul Skygarden, est le résultat fascinant d'un projet de réaménagement urbain. Il s'agit d'une voie piétonne surélevée qui s'étend sur plus d'un kilomètre de long, offrant une expérience unique et immersive aux visiteurs. Ce sentier magnifiquement aménagé était autrefois un ancien viaduc autoroutier, mais il a été transformé en une oasis de verdure, ornée d'une variété de plantes, de fleurs et d'installations culturelles. Il donne un aperçu captivant du passé et du présent de la ville tout en offrant une vue imprenable sur les rues animées en contrebas.

Attends le coucher du soleil pour profiter de l'ambiance enchanteresse de la nuit ! ☐

Seoullo 7017 subit une transformation captivante la nuit, offrant une ambiance complètement différente. Attends le coucher du soleil pour être témoin de cette différence hypnotique et découvrir son charme enchanteur !

Découvre le poteau de pierre qui marque son passé ! ☐

En te promenant le long de la passerelle, garde un œil sur un poteau en pierre étiqueté 서울고가 (Route surélevée de Séoul) qui témoigne de son importance historique. La découverte de ce point de repère te permettra vraiment de mieux apprécier la remarquable transformation qui s'est opérée ici.

Cheonggyecheon 청계천 Jongno-gu Cheonggyecheon-ro 1 서울 종로구 청계천로 1
12 min de marche (387 m) de la station **Dongdaemun la sortie n°6 ligne de métro 1 & 4**

Explore l'oasis urbaine au milieu de la ville !

Il y a longtemps, ce n'était qu'un cours d'eau abandonné. Mais un projet de restauration l'a transformé en un magnifique parc de 7,0 mi / 10,9 km de long au milieu de Séoul. Maintenant, c'est comme une oasis dans la ville, pleine de la beauté de la nature. Il y a 20 jolis ponts qui montrent comment le passé et l'avenir peuvent être amis. C'est un endroit parfait pour une promenade relaxante, un moment amusant en famille ou une soirée romantique en amoureux.

Repère ces animaux invités spéciaux !

De temps en temps, des hérons et des aigrettes visitent le cours d'eau, symbolisant le mélange harmonieux de l'architecture moderne et de la préservation de la nature réalisé grâce au projet de restauration. Cependant, les repérer dépend de la chance, car leur présence fluctue en fonction des saisons et des conditions environnementales.

Essaie de te rafraîchir en trempant tes pieds dans l'eau !

Comme il fait de plus en plus chaud à Séoul, de plus en plus de gens se rendent au ruisseau pour se rafraîchir. S'il est permis de s'y baigner avec les pieds, il est interdit de s'y baigner et de s'y baigner, conformément à l'ordonnance de la ville !

Au début du ruisseau, tu trouveras "Spring", une merveilleuse œuvre d'art du célèbre artiste pop Oldenburg. Cette sculpture a été créée pour célébrer le premier anniversaire de la restauration du cours d'eau et est célèbre pour sa forme conique. Il est intéressant de noter qu'en Corée, il existe un en-cas appelé "Kokkalcorn (꼬깔콘)" qui lui ressemble beaucoup ! Alors, fais un arrêt rapide dans une supérette voisine, attrape cet en-cas et prends une photo mémorable ensemble !

④ Museum Kimchikan 뮤지엄 김치간
Jongno-gu, Insadong-gil 35-4, 4~6F 종로구 인사동길 35-4, 4~6층
5 min de marche (344 m) de la station **Anguk la sortie n°6 ligne de métro 3**
MAR -DIM 10 h - 18 h LUN, Fermé le 1/1, Seollal, Chuseok, Noël

Rien ne représente mieux la culture coréenne que le kimchi ! Ce musée offre un moyen rapide et complet de tout apprendre à son sujet. Il a été fondé en 1986, puis rénové et rouvert le 21 avril 2015 sous le nom de "Museum Kimchikan." Le musée regorge d'expositions réelles et numériques axées sur le kimchi. Il y a des expositions interactives et des attractions à apprécier à chaque étage, du 4e au 6e.

*Il n'est pas nécessaire de réserver pour 20 personnes ou moins.

Rejoins ce cours passionnant de fabrication de kimchi et crée ton propre kimchi que tu emporteras à la maison ! Pas besoin de se soucier du matériel, tout sera fourni. Tout le monde est le bienvenu, y compris les enfants âgés de six ans et plus. En cas de changement de plans, préviens au moins 4 jours avant ta réservation. Rassemble tes amis, car il faut un minimum de 5 participants (ils peuvent accueillir jusqu'à 24 participants par programme). Alors participe à ce merveilleux voyage de fabrication de kimchi et immerge-toi dans la culture coréenne !

*Réserve à l'avance en envoyant un courriel à **museum@pulmuone.com**. Visite la page d'accueil pour plus d'informations.

Explore un terrain de jeu vibrant pour les jeunes de cœur !

POUR L'ITINÉRAIRE !

Signifiant littéralement "rue du collège", elle est connue comme la plaque tournante des arts du spectacle coréens, est une concentration de petits théâtres. Son nom provient de la création de l'université impériale de Gyeongseong pendant l'ère coloniale japonaise en 1922. Après la libération, elle est devenue l'Université nationale de Séoul jusqu'à ce qu'elle déménage, et le quartier a conservé le nom de Daehak-ro. Bien qu'il n'ait plus d'université, il reste un lieu dynamique pour la jeune génération, offrant une variété d'attractions, d'activités et de divertissements qui offrent un aperçu de leurs tendances et intérêts actuels.

♡ ◯ ◁ 보현 blog.naver.com/qwd7882 ⬜

Chante à tue-tête au Coin Noraebang !

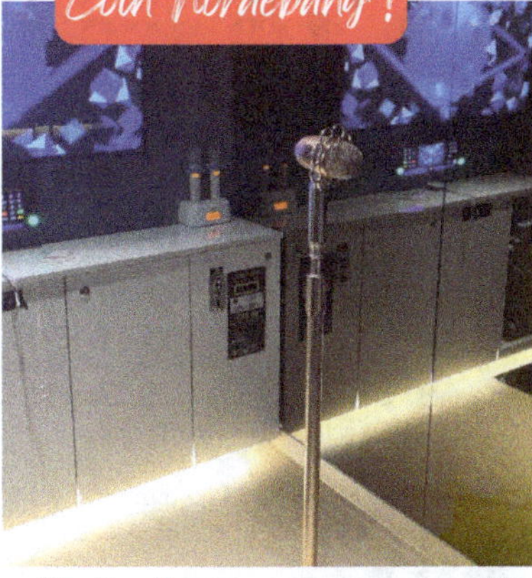

♡ ◯ ◁ 폰앤러브 blog.naver.com/hddpark7 ⬜

Coin noraebang (karaoké) 코인노래방 offre un divertissement abordable dans une salle privée avec tes amis, car tu peux payer à la chanson ou utiliser des passes basées sur le temps avec des pièces de monnaie ou des cartes de crédit ! Les salles sont équipées de systèmes de sonorisation modernes et d'un écran tactile pour la sélection des chansons. Facilement trouvable dans tout Séoul, c'est le lieu de rendez-vous préféré des amateurs de chant. Les chansons sont disponibles dans de nombreuses langues.

- 악쓰는하마 Jongno-gu, Daemyeong-gil 9, 3F 종로구 대명길 9, 3층
  TOUS LES JOURS 12 h - 2 h

- 에코 Jongno-gu, Daemyeong-gil 40, B1 종로구 대명길 40, 지하 1층
  LUN - JEU 9 h - 4 h VEN - DIM 9 h - 6 h

Immortalise tes meilleurs moments dans des "photos découpées en 4" !

La tendance des "photos coupées en quatre" déferle sur les quartiers populaires, captivant la jeunesse coréenne comme la dernière mode pour immortaliser des souvenirs. Des cabines abordables offrent diverses caractéristiques comme des accessoires, un éclairage changeant et des décorations dignes d'Instagram !

♡ ◯ ◁ ⬜

- 인생네컷 Jongno-gu, Myeongnyun 2-ga 186-2
  TOUS LES JOURS 24 h 종로구 명륜2가 186-2

- Photoism Colored 포토이즘 컬러드 **TOUS LES JOURS 24 h**
  Jongno-gu, Myeongnyun 4-ga 46-1 종로구 명륜4가 46-1

- 시현하다 Frame Jongno-gu, Myeongnyun 4-ga 22-1
  TOUS LES JOURS 24 h 종로구 명륜4가 22-1

Une visite dans un PC bang 피씨방 ("salle") est un must pour tout touriste à la recherche d'une expérience unique et excitante, car ils ne sont pas seulement parfaits pour jouer à des jeux avec tes amis, mais aussi un lieu de rencontre décent ! La meilleure partie est la fantastique sélection de nourriture, allant des nouilles instantanées aux repas bien préparés par le personnel de PC bang !

- **프리미엄 PC방** Jongno-gu, Daemyeong-gil 9
  종로구 대명길 9 **TOUS LES JOURS 24 h**
- **이스포츠 PC방** Jongno-gu, Seonggyungwan-ro 12, 2F
  종로구 성균관로 12, 2층 **TOUS LES JOURS 24 h**

Fais l'expérience de l'excitation des cafés d'évasion de Corée ! Mets ton esprit et ton travail d'équipe à l'épreuve en résolvant des énigmes et des défis dans des aventures immersives avec tes amis ou ta famille. Fais la course contre la montre pour t'échapper de la pièce dans un temps donné ! Tu vivras une expérience inoubliable qui te donnera envie de t'amuser davantage à résoudre des mystères. Dépêche-toi, le temps passe !

- **Secret Chamber 시크릿챔버** Jongno-gu Myeongnyun 2-ga 21-18
  TOUS LES JOURS 10 h - 0 h 종로구 명륜2가 21-18
- **Sherlock Holmes 셜록홈즈** Jongno-gu, Daehak-ro 10-gil 5, 4F
  종로구 대학로 10길 5, 4층
  LUN - VEN 12 h - 23 h SAM - DIM 11 h - 23 h
- **Epilogue 에필로그** Jongno-gu, Daehak-ro 8ga-gil 48
  TOUS LES JOURS 10 h - 21 h 50 종로구 대학로8가길 48

Lily blog.naver.com/yujin_blog

Le parc Marronnier 마로니에 공원 à Daehak-ro est réputé pour sa salle de spectacle en plein air, qui a servi de scène de début à de nombreux chanteurs et acteurs de renom. C'est un endroit adoré par divers artistes, qu'il s'agisse de chanteurs amateurs jouant de la guitare acoustique le week-end ou de talents en devenir qui présentent leurs compétences. Divers événements tels que des festivals, des spectacles de busking et des marchés aux puces y sont organisés, ce qui en fait un espace culturel et artistique dynamique.

POUR
L'ITINÉRAIRE !

이슬한잔 blog.naver.com/photoc3

v희야v blog.naver.com/plysh

Découvre le charme artistique du village des fresques !

Village mural d'Ihwa 이화 벽화 마을
Jongno-gu, Ihwa-dong 9- 413 종로구 이화동 9-413
14 min de marche (763 m) de la station **Hyehwala sortie n°2 ligne de métro 4**

Ce lieu captivant est le résultat d'un projet gouvernemental visant à transformer un quartier sous-développé en une zone artistique. Les efforts conjoints des résidents locaux, des artistes, des étudiants et des bénévoles ont collaboré pour peindre de superbes fresques murales. Tu trouveras des allées uniques et de charmants cafés, offrant une vue imprenable sur le centre-ville de Séoul. Malheureusement, certaines peintures murales ont été retirées en raison des plaintes des résidents concernant le nombre croissant de touristes. Les touristes sont encouragés à explorer les allées pittoresques et les cafés du village tout en respectant les zones résidentielles tranquilles.

POUR L'ITINÉRAIRE !

Pour profiter d'une visite plus détendue et plus agréable, il est recommandé de planifier ton voyage en semaine et d'éviter les foules.

6 **Funny Saju 재미난조각가** Mapo-gu, Seogyo-dong 358-124, 2F 마포구 서교동 358-124 2층
8 min de marche (546 m) de la station **Hongik University la sortie n°9 ligne de métro 2**

02-325-4543 **TOUS LES JOURS 12 h 30 - 23 h 30**

Fournisseurs de services en ANG / CHN disponibles ! Appelle pour prendre rendez-vous.

Révèle ton destin grâce à la voyance traditionnelle coréenne !

Les touristes qui visitent la Corée ont tout intérêt à faire l'expérience des lectures saju 사주, une méthode ancienne qui utilise "les quatre piliers du destin" pour prédire le sort et la destinée en fonction du moment de la naissance. Un lecteur de saju compétent interprète les huit caractères associés à ta naissance, représentant l'énergie yin ou yang et les cinq éléments primaires, ce qui permet de comprendre divers aspects de la vie et de l'avenir. On ne fait pas aveuglément confiance au saju, mais on l'apprécie pour son côté divertissant et ses conseils sur la vie. En outre, les couples peuvent explorer Gunghap 궁합, l'analyse de la compatibilité maritale, et découvrir s'ils sont bien assortis. Cette pratique culturelle met en valeur la fascination coréenne pour le dévoilement du sort et de la destinée. Que l'on cherche à se divertir ou à être guidé dans sa vie, les lectures saju offrent un aperçu unique de la culture et des traditions coréennes.

융진 blog.naver.com/thdwodms233

POUR L'ITINÉRAIRE !

Aie ton nom et ta date de naissance dans le système du calendrier lunaire, ainsi que l'heure de naissance, à portée de main avant de visiter !

⑦ Riverside Spa Land 강변스파랜드 Gwangjin-gu, Gueui-dong 593-15 B2 광진구 구의동 593-15 지하2층
6 min de marche (343 m) de la station **Gangbyeon la sortie n°4 ligne de métro 2**

Détends-toi et recharge-toi dans un sauna traditionnel coréen - Jjimjilbang

POUR L'ITINÉRAIRE !

Le bain traditionnel coréen, jjimjilbang 찜질방, offre aux touristes une expérience de rajeunissement unique, en proposant des saunas à thème, des bains à remous et des hammams. Il permet aux visiteurs de s'immerger dans la culture coréenne et de se détendre, avec diverses installations de divertissement pour la socialisation et les expériences communes. Y compris Les familles, les couples et les amis s'y rendent souvent pour une escapade relaxante, profitant des chambres chauffées et à vapeur, ainsi que des restaurants, des snack-bars, des clubs de fitness, des salles de PC, des karaokés, des ongleries, des massages sportifs, des salles de jeux, ainsi que des nuitées à des prix abordables.

 En entrant dans un jjimjilbang, tu dois enfiler l'uniforme qu'on te fournit pour maintenir la propreté et empêcher la contamination par des germes ou des virus que tu aurais pu apporter de l'extérieur.

Essaie de fabriquer le "chapeau serviette à tête d'agneau" coréen.

Essaie au moins trois saunas différents

마음자리 blog.naver.com/pej1425
(CC BY-SA-KR 2.0)

Explore les différentes salles de sauna dont la température et les bienfaits pour la santé varient, comme la salle de sel, la salle de charbon, la salle d'herbes et la salle de jade. On dit que chaque salle offre une expérience distincte et une relaxation pour ton corps.

 Les Jjimjilbangs ont généralement des zones mixtes et non mixtes, avec des salles d'habillage et de bain séparées. Les salles de vapeur/sudation et les sols communs chauffés sont souvent unisexes mais peuvent varier d'un établissement à l'autre.

Le chapeau serviette yangmeori 양머리 "Tête d'agneau/de mouton" a gagné en popularité après que le personnage principal l'a porté dans le feuilleton télévisé à succès "Mon nom est Kim Sam-soon" en 2005. Dans les jjimjilbang, les personnes de tous âges et de tous sexes l'utilisent pour absorber la sueur, garder leurs cheveux en place et ajouter une touche mignonne à leur apparence !

Apprends à fabriquer la "chapeau serviette à tête d'agneau" coréenne !

Obtiens l'exfoliant corporel coréen pour une peau douce comme celle d'un bébé !

En Corée, le ttaemiri 때밀이 (gommage du corps) a été une méthode populaire pour obtenir une peau lisse. Dans de nombreux bains publics et jjimjilbangs coréens, des nettoyeurs de corps professionnels proposent des services de mue complète. Le processus consiste à tremper le corps dans de l'eau chaude pour ramollir les cellules mortes de la peau, suivi d'un gommage complet à l'aide de serviettes et de gants spéciaux.

복많이
blog.naver.com/hjwwworld
(CC BY-SA 2.0 KR)

Fais une pause dans tes promenades et tes visites pour te détendre dans divers espaces de repos, notamment les planchers chauffants et les fauteuils inclinables. Certains jjimjilbangs proposent des chambres à coucher pour faire la sieste ou passer la nuit, ce qui permet aux visiteurs de se ressourcer et de se rafraîchir.

8 **Lotte World 롯데월드** Songpa-gu, Ollimpik-ro 240 송파구 올림픽로 240
2 min de marche (145 m) de la station **Jamsil la sortie n°4 ligne de métro 2 & 8**

lotteworld.co.kr

POUR L'ITINÉRAIRE !

Ce vaste complexe de divertissement attire chaque année plus de 7 millions de visiteurs et a la particularité d'abriter l'un des plus grands parcs à thème du monde. En plus de ses manèges exaltants, le complexe propose toute une série d'attractions, notamment des centres commerciaux, un hôtel de luxe, un musée folklorique coréen, des installations sportives et des cinémas. Il abrite également la plus grande patinoire de Corée. Tout au long du parc, divers spectacles captivent les visiteurs.

Lotte World est principalement divisé en trois sections :
Adventure - située au rez-de-chaussée intérieur ;
Underland - située au rez-de-chaussée intérieur ;
Magic Island - île artificielle extérieure

Ziggymaster
via wikimedia commons
(CC BY-SA 3.0)

Enhance your experience by downloading the **"Lotte World Adventure"** app, which provides information on show timings, ride wait times, closures, and maintenance. Additionally, it enables users to easily register physical tickets by scanning the QR code!

Loue et mets des uniformes scolaires coréens et amuse-toi à Lotte World ! C'est une façon spéciale pour les étrangers de se sentir comme des étudiants coréens et pour les Coréens de se souvenir de leur passé. Tout le monde, jeune ou vieux, peut en profiter !

- **Gamsung Gyobok 감성교복** (Marche directement depuis l'entrée de l'Aventure au rez-de-chaussée inférieur de Lotte World.) **gamsunggyobok.com**

Si tu ne te sens pas trop courageux, la boutique propose de délicieux churros qui ressemblent au célèbre manège "Gyro Drop" de Lotte World.

Pour voyager en Corée

Autoformation cours de coréen

K-Pop et culture coréenne

Le guide touristique du métro de Séoul, Corée - Découvrez les 100 meilleures attractions de la ville en métro !

Liste de choses à faire en Corée : Ton guide pour plus de 150 choses à réaliser impérativement à Séoul !

AVEC MP3 · **Le coréen débutant** - programme d'auto-apprentissage complet

AVEC MP3 · **Parlons coréen avec des fichiers audio téléchargeables** - Apprenez rapidement et facilement plus de 1 400 expressions coréennes sur 21 sujets Il suffit d'écouter, de répéter et d'apprendre !

Apprentissage facile livre d'exercices pour l'écriture de l'alphabet coréen

Dictionnaire De La Culture Coréenne: Du Kimchi À La K-Pop En Passant Par Les Clichés Des K-Drama. On T'explique Tout Sur La Corée !

AVEC MP3 · **Dictionnaire de la K-Pop:** Mots & expressions essentiels dans la K-Pop, le K-Drama, les films coréens, les émissions Broché

AVEC MP3 · **De magnifiques histoires courtes en français et en coréen** - Livre d'images bilingue/bi-langue pour débutants